中国珍藏镜鉴书系

文房四宝

收藏品鉴

邹岚阳　编著

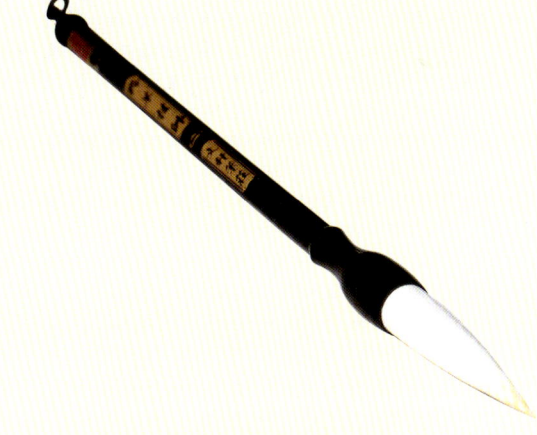

北京出版集团公司
北京美术摄影出版社

图书在版编目（CIP）数据

文房四宝收藏品鉴 / 邹岚阳编著. — 北京：北京美术摄影出版社，2017.1
  （中国珍藏镜鉴书系）
  ISBN 978-7-80501-967-3

Ⅰ. ①文… Ⅱ. ①邹… Ⅲ. ①文化用品—收藏—中国②文化用品—鉴赏—中国 Ⅳ. ①G262.8②K875.44

中国版本图书馆CIP数据核字(2016)第268781号

中国珍藏镜鉴书系
文房四宝收藏品鉴
WENFANG SI BAO SHOUCANG PINJIAN
邹岚阳　编著

*

北京出版集团公司　出版
北京美术摄影出版社

（北京北三环中路6号）
邮政编码：100120

网　　址：www.bph.com.cn

北京出版集团公司总发行
新　华　书　店　经　销
山东海蓝印刷有限公司印刷

*

710毫米×1000毫米　16开本　12印张　200千字
2017年1月第1版　2017年1月第1次印刷
ISBN 978-7-80501-967-3
定价：68.00元

如有印装质量问题，由本社负责调换
质量监督电话：010-58572393
责任编辑电话：010-58572245

前言

　　中国有着非常悠久的历史和异常璀璨的文化，而文具则是传承这些伟大文化的物质载体。大家熟知的文房四宝——笔、墨、纸、砚，正是其中的典型代表。

　　笔指毛笔，虽然现在生活中已不常用，但数千年来它是我国人民书写的主要工具，即使现在，也是书法、国画等艺术创作必不可少的工具。作为文房四宝中位居首位的文具，笔受到了历代名家的重视。墨的学问同样很深，书法和绘画名家对墨的使用都有独特的癖好，优质的墨一直都为历代文人所推崇。文房四宝中的纸，并不是指工业化生产的纸，而是指手工制作的、品质上乘的纸。纸中的翘楚，莫过于名冠天下的宣纸，品质出众且具有纪念意义的手工宣纸一直都是收藏爱好者的最爱。砚在文房四宝中也占据着不可小觑的地位，正是因为有了砚，乌黑芬芳的墨汁才得以研磨出来。

　　随着人们物质生活水平的提高，现在很多对书法和国画等艺术感兴趣的朋友也开始关注文房四宝的收藏。在本书当中，我们分门别类地介绍了笔、墨、纸、砚的相关知识，对笔、墨、纸、砚的起源、种类、历史、材质、鉴赏、收藏等知识进行了详细的讲述。同时还配有大量精美的实物图片，以帮助读者朋友更好地了解书中的内容。

文房四宝的收藏是非常有趣、相当高雅的收藏门类。因为编者水平有限，书中难免有不足和疏漏之处，希望读者朋友们给予指正。

目录

第一章 求根溯源：文房四宝概述 / 001

文房四宝的起源 / 002

文房四宝的发展历程 / 010

第二章 肆意挥毫：文房四宝之笔 / 017

笔的起源与发展 / 018

笔的组成 / 027

笔的种类 / 039

笔的选购 / 046

笔的鉴别 / 049

笔的收藏与保养 / 052

第三章 淡雅内敛：文房四宝之墨 / 059

墨的起源与发展 / 061

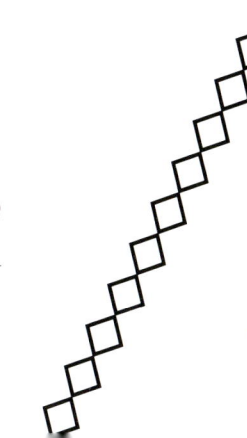

墨的类型 / 088

墨的鉴赏 / 092

墨的收藏与保存 / 099

第四章　洁白似雪：文房四宝之纸 / 111

纸的起源与发展 / 112

纸中名品 / 124

纸的鉴赏 / 138

纸的收藏 / 140

纸的保存 / 143

第五章　墨之所出：文房四宝之砚 / 145

砚的起源与发展 / 146

砚的种类 / 150

砚中名品 / 159

砚的鉴赏与收藏 / 169

砚的保养 / 181

求根溯源：
文房四宝概述

第一章

文房四宝收藏品鉴

文房四宝的起源

　　文房的意思就是书房。唐代的杜牧曾在《奉和门下相公送西川相公兼领相印出镇全蜀诗》中写道："彤弓随武库，金印逐文房。"文房四宝则是书房当中主要的4种文具——笔、墨、纸、砚的概称。文房四宝由古代的劳动人民创造，与中国其他灿烂的文化艺术一样，在世界文化中占据着重要的地位。

第一章　求根溯源：文房四宝概述

文房用具

　　文具对于人类的意义是无须多言的，正是有了文具，人类才得以创造辉煌的精神文化。中国是文明古国，正是因为有了这些文具，中国的古代文明才得以传承。直到今天，世界虽已进入信息时代，但文房四宝还在继续传承着中国的优秀文化。

 文房四宝收藏品鉴

中国文房用具制造和使用的历史非常久远。最早在新石器时代,我们的祖先便开始使用研磨器研制颜料,使用笔的雏形工具来描绘各种图案。在很多出土文物中都能发现原始人在彩陶器上面用"笔"描绘出来的米字形纹饰。在陕西的姜寨遗址中便发现了比较完整的绘画义具。这些工具相当于早期的研磨器、颜料及书写工具,因此可以说是砚、墨、笔的雏形。商代之后,由于中国经济、文化迅速发展,文字使用日渐频繁,文化用具也得以迅速发展。

毛笔

第一章　求根溯源：文房四宝概述

书房文具

殷墟出土的甲骨上便发现有朱笔或墨笔写下的文字痕迹，有些文字则是先书写后篆刻的。甲骨文中已有"笔"的象形字了，由此可知，商代的毛笔已经应用得相当普遍了。这个时期，砚台的雏形也已经出现。使用的墨主要为天然石墨和其他天然矿物颜料。

文房四宝收藏品鉴

竹简

　　文房四宝当中最晚被发明的是纸。中国的纸最早出现在西汉中期前后，大量使用纸来写字、作画则要到东汉之后了。在纸还没得到广泛应用之前，简牍和缣帛是主要的书写材料。1975年，湖北云梦睡虎地秦墓中发现了毛笔、墨块和研磨工具、竹简等。这一年在湖北的江陵凤凰山汉墓当中又发掘出了西汉时的文房四宝，其中包括毛笔、砚石、墨块及木牍。

第一章　求根溯源：文房四宝概述

东汉末年，纸渐渐作为主要的书写工具成了多数人的选择。如东汉著名书法家蔡邕最喜欢的文具是张芝笔、韦诞墨、左伯纸，这三种文具也是当时品质出众的文具。

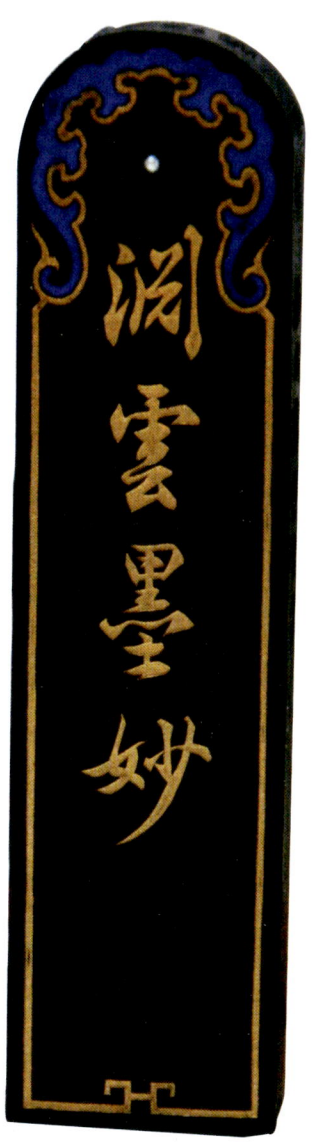

润云墨妙
材质：松烟墨
规格：8.9厘米（高）

文房四宝收藏品鉴

　　我国历代文人均崇尚清闲、优雅的人生态度和生活方式,其中包含诗、词、歌、赋、琴、棋、书、画、游山赏花、品茗饮酒等活动,这些活动需要精神文化的支撑,而文房四宝正是精神文化的重要载体。

砚和墨

第一章　求根溯源：文房四宝概述

笔和墨汁

笔和墨

　　古代的士大夫阶层将许多时间花在了书房中，读书、写字、作画是他们生活中的重要活动，故而对文房四宝和书房的布置相当看重。这些现象都直接推动了文房用具在数量和质量上的发展，文房四宝等文具故而很早便成了鉴赏、收藏的对象。

　　古代文具体现了中华民族独特的精神气质，是具有世界意义的艺术珍品。

文房四宝收藏品鉴

文房四宝的发展历程

　　正式将笔、墨、纸、砚合称为文房四宝的记录出现在晋代。晋代的许多文人都提出了文房四宝的概念。1974年在江西南昌发掘的东晋墓中便发现了刻有"笔、墨、纸、砚"字样的木板。这是最早的关于文房四宝的记载。笔、墨、纸、砚的定型、发展和完善，直接推动了晋代书法、绘画艺术的快速进步。

书房用具

第一章 求根溯源：文房四宝概述

隋唐时期的经济迅速发展，文化领域也出现了发展的高潮。当时的文人、书画家及科举考生人数大量增加，书写工具的需求日渐旺盛，文房四宝得到了迅速发展，种类越来越多，涌现出了许多优秀的产品。

隋唐时期的全国制笔中心是安徽的宣州，出产的宣笔备受书法家推崇。奚超和奚廷珪制作的松烟墨具有"丰肌腻理，光泽如漆"的特点，是当时的精品墨。唐代的贡纸是宣纸，有材质柔韧且通体洁白的特点，传说宣纸"纸寿千年"。唐代的泥砚非常流行，当时著名的广东端石砚、安徽歙石砚、山东鲁柘澄泥砚和甘肃洮河石砚还被合称为"四大名砚"。唐代的文房四宝不仅是具有功用的文具，而且具备很高的艺术水准，是不可多得的艺术品。当时很多文人墨客都对精品文房四宝进行了赞颂。唐以后，文房四宝的工艺水平继续进步。南唐时期，还涌现了以澄心堂纸、李廷珪墨、诸葛氏笔和婺源龙尾砚为代表的精致文房用具。

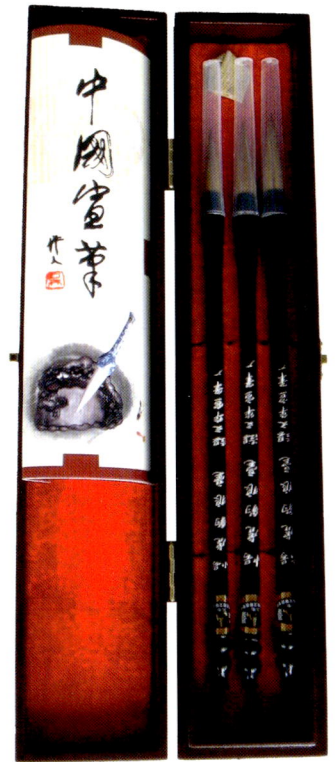

宣笔

端石砚

文房四宝收藏品鉴

两宋时期是中国古代文化的黄金时期,出现了众多的杰出书法家、画家、文学家。这些文化大家追求精笔、佳墨,而且酷爱寻觅名纸和美砚,不但看重实用性,而且更在意收藏价值。此外,宋代皇帝好舞文弄墨,宫廷同样对精致的文房四宝有巨大的需求。因为这样的大环境,宋代文房四宝在品种、数量、质量上相比前代均有了较大发展,名工巧匠辈出,文房四宝的生产呈现出繁荣的景象。制笔的工艺大家陈宣州善制散卓笔的诸葛氏外,歙州的吕道人、黟州的吕大渊、新安的汪伯立都是个中翘楚。工艺师改良了造笔的工艺和选料,制造的笔迎合了书法和绘画的需要,故而极受欢迎。当时制作墨的名匠有张遇、潘衡、潘谷、蒲大韶、叶茂实等。宋代的纸在品种上比前代更加丰富。前代的明纸还在生产,宋代盛行使用竹纸。

竹纸手卷

第一章 求根溯源：文房四宝概述

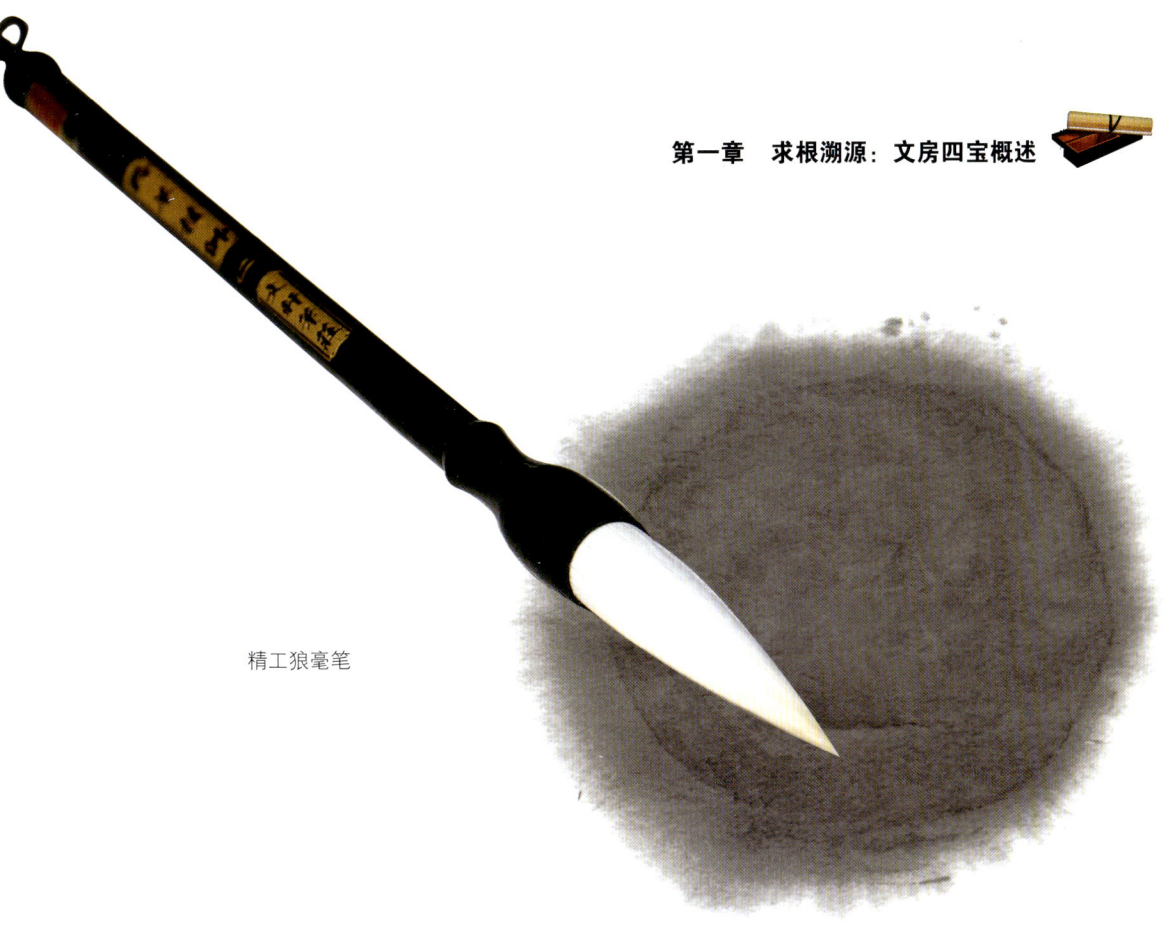

精工狼毫笔

　　制砚的工艺迅速进步，宋代砚体上出现了铭刻的文字，这是砚的工艺水平提高的标志之一。宋代出现了一大批专门论述文房四宝的著作，如苏易简的《文房四谱》、米芾的《砚史》、黄庭坚的《笔说》、李孝美的《墨谱》等。《文房四谱》被认为是最全面系统的文房四宝论述著作，因此具有非常高的研究价值。南宋时出现了"新安四宝"，即澄心堂纸、汪伯立笔、李廷珪墨和羊斗岭旧坑砚。羊斗岭旧坑砚还曾被封为贡砚。

　　经过两宋的繁荣，到元、明、清之时，中国的文房四宝在制作工艺上持续发展。元代的纸、墨、砚并没有太大的发展，但制笔工艺却出现了显著的进步，特别是浙江湖州（今浙江吴兴）一带，是制笔良匠的集中地区，这个地区出产的湖笔质量出众，甚至替代了宣笔，深刻影响了明清的制笔业。明清时期的笔匠更加注重装饰笔管、笔套，通常在这些部分做珍贵物料的镶嵌，雕琢不同的装饰纹路，使笔成为一种特殊工艺品。

 **文房四宝收藏品鉴**

　　明清制墨业的名家众多，而且分成了多个流派，可以说一时间风头无两。安徽歙县、休宁县的制墨工匠综合了前代的优秀制墨工艺，不少人最终成为制墨名家。特别是墨模雕刻和集锦墨的制造，完美地融合了实用性和艺术观赏性，代表了中国制墨业的最高水平。

　　明清时期的造纸业同样非常繁荣。造纸通常都是本地取材，品种异常丰富。制作的时候采用染色、涂蜡、砑光、印花等技术，制作的纸张有的古朴，有的精美。明末还出现了短板、拱花技术，这使得中国的纸加工业达到了一个全新的水平。存留至今的《萝轩变古笺谱》和《十竹斋笺谱》，都直观地体现了古人的工艺水准。

　　明清时期的制砚业相比前代继续发展。明清时期文化迅速发展，读书人的数量大量增加，对砚的需求量也因此水涨船高。明清时期涌现出很多制砚大家，一方面拓展了品种和来源，另一方面对砚的式样和雕琢也日益看重。雕砚发展成为一门特别的技术。

　　明清时期的砚在实用性和艺术性上都达到了相当完美的水平。这个时期不仅文房四宝，别的文房用品，如笔筒、笔洗、笔搁等都有很大的发展，涌现出很多工艺名家，留下了一批非常精美的艺术珍品。

笔搁

第一章 求根溯源：文房四宝概述

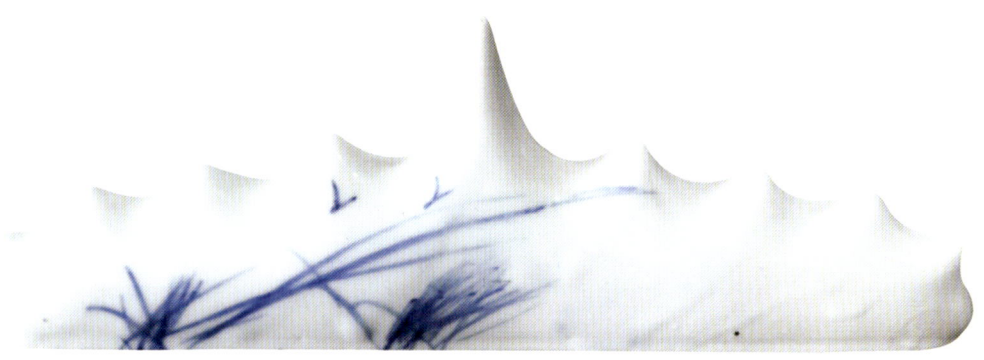

笔搁

笔搁

 **文房四宝收藏品鉴**

笔搁

笔搁

中国古代的文房四宝很早便传到了朝鲜、日本、越南等国家，造纸术更是一直传到阿拉伯和欧洲，直接推动了世界文明的进步。这一成就值得我们每个中华儿女自豪。

笔搁

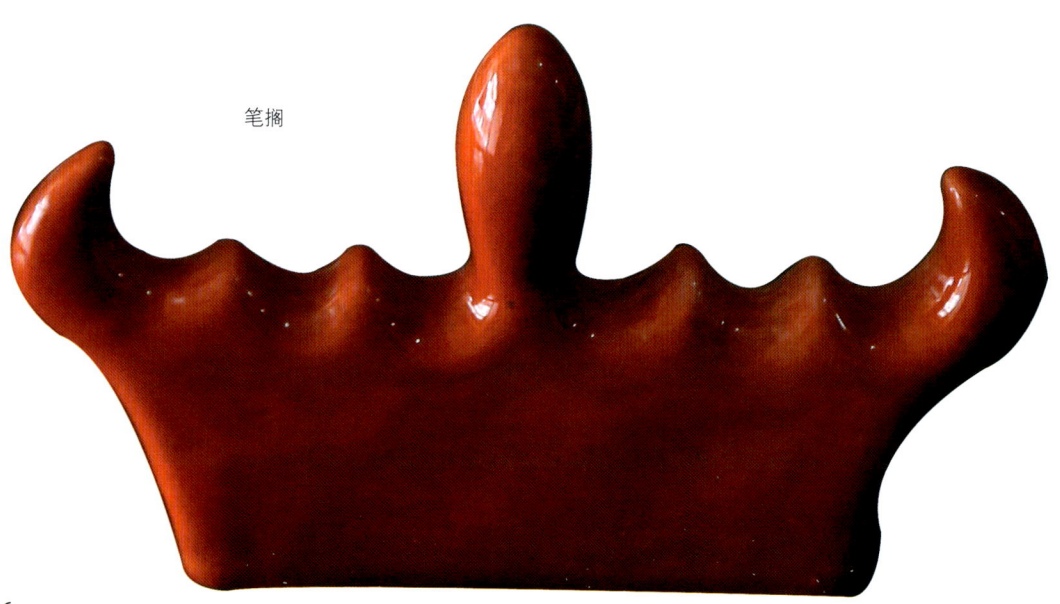

肆意挥毫：
文房四宝之笔

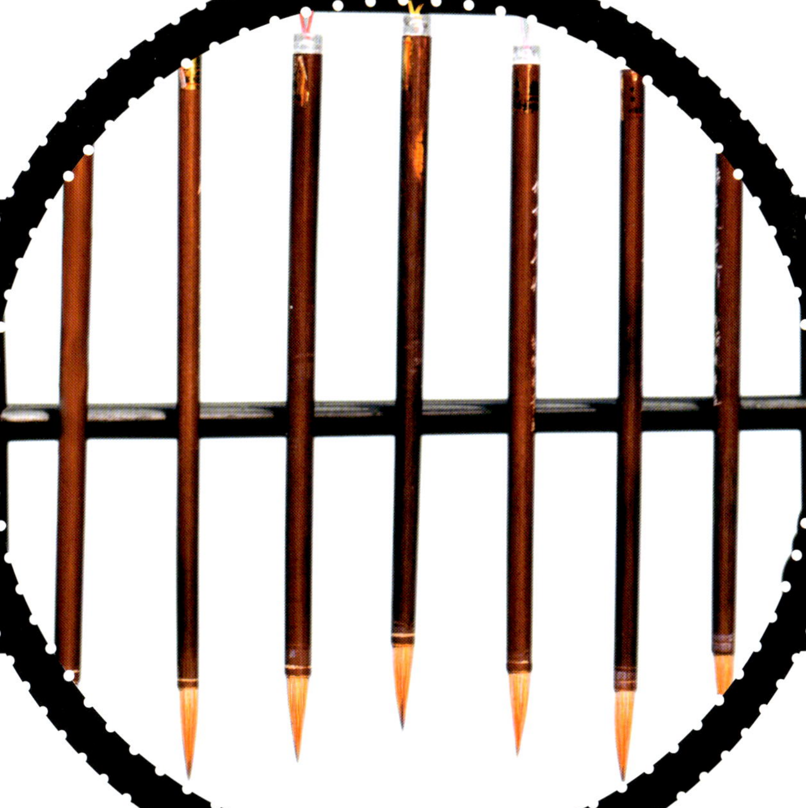

第二章

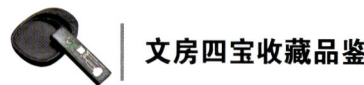

文房四宝收藏品鉴

毛笔为中国的古代文明传承做出了巨大的贡献。研究发现，至今最早的毛笔是战国时期的楚笔，和楚笔几乎同时期出现的还有声名显赫的秦笔等。这些毛笔都是中国现存毛笔中非常珍贵的文物。

毛笔

笔的起源与发展

毛笔在文房四宝当中位居首位，不管是书写还是绘画，毛笔都有不可替代的作用。历史上有"蒙恬造笔"的传说，事实上毛笔并不是秦代之后才出现的，中国毛笔的历史长达六七千年。

狼毫笔

第二章 肆意挥毫：文房四宝之笔

新石器时代的陶器上发现了很多彩色纹饰，这些图案很明显是由毛笔描绘出来的。研究发现，殷商的甲骨卜辞都是使用毛笔描绘之后雕刻完成的。在出土的公元前1400—前1200年的牛骨上，还发现了使用毛笔和墨汁描绘好但是没有雕刻的文字。这样的文物在安阳殷墟当中也有发现，一片写有"祀"字的陶片，还能够清楚地看到笔锋痕迹。此后还发掘出了描绘有朱笔痕迹的陶器和一些先写后刻的用来卜卦的甲骨片。

迄今为止发现的最早的毛笔是在湖北随州曾侯乙墓中发现的春秋毛笔，1954年在长沙左家公山还发掘出了战国楚笔。此外，还有其他的古笔先后被发现，比如在湖北云梦睡虎地墓中发现的秦笔，湖南长沙马王堆汉墓、甘肃敦煌汉朝边塞烽燧、驿置遗址和武威等地挖掘出来的汉笔。这一类古笔不但显示出了当时的制造水平，而且发现毛笔之后还常常能够发现纸文书、木简文书等。这些都直接反映了毛笔的作用和书写效果。

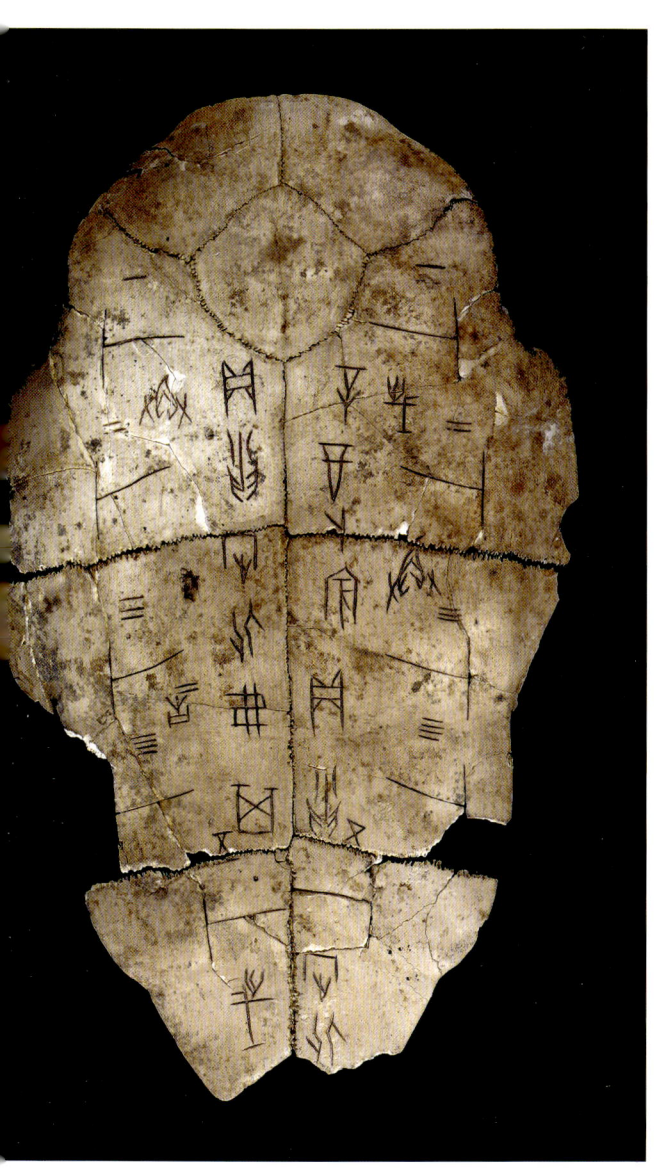

甲骨卜辞

文房四宝收藏品鉴

汉代木简

　　东汉的许慎曾于《说文解字》中解释说：笔的作用是写字。战国时期因为各国的语言不同，使用的文字也不一样，故而对笔的称呼也各异。如楚国把笔叫作"聿"，吴国则叫"不律"，燕国称"弗"，秦国称"筆"。秦国统一天下后，统一了文字,笔的名称因此统一。清代朱骏声在《说文通训定声》中有相应的描述："此'筆'，秦制字，秦以竹为之，加竹。"意思就是把"竹"和"聿"结合之后做成了这个字。

第二章　肆意挥毫：文房四宝之笔

因为要有书写的功能，因此特别强调毛笔笔毫的蓄墨功能。秦代的毛笔主要在这样方面进行了改良，就是把笔头雕刻成腔状，然后把笔毫加上去，再使用绳线固定。这样不但可以提高笔毛的稳定性，让笔头保持圆润饱满，也更利于吸墨和书写。这种制作工艺沿用至今，是制笔史上的重要变革。

汉代的经济蓬勃发展，促进了文化兴盛，文房用具因此得以改良。纸张的出现同样对毛笔的发展起到了推进的作用。汉代毛笔使用的原料包括兔毫、羊毫，另外还有混合的笔毫，如鹿毛、狸毛、狼毛等。用混合笔毫制作出来的笔是软硬适中的"兼毫笔"。据传王羲之《笔经》中曾记录，混合笔毫的笔常用兔毫制作笔柱，然后加上羊毛的笔衣，中间加上数十根人的毛发或少量的青羊毛和兔毫，之后裁剪整齐，使用麻纸裹住笔头的根部。这种毛笔的书写性能已相当完善。

兼毫笔

笔在汉代已经不单单是书画的器具，也是文人平时的清玩。汉代更加重视笔管的装饰，有的毛笔使用金银来装饰。《西京杂记》对此有所记录：天子使用的笔，笔毫为秋兔毛，使用玉璧装饰，并用宝物做成匣子，价值百金。

中国毛笔发展可分为两大时期。

宣笔时期

宣笔时期是毛笔发展的第一个时期。宣笔出现在汉代，笔杆较短。汉代，高腿桌椅尚未出现，撰写的时候人需要跪在席子上，身前摆放矮几案，悬肘书写。当时对笔头的要求是"锋齐腰强""圆如锥"。

东晋到唐代的毛笔均为短锋样式，笔毫硬挺。至今在日本正仓院中收藏着的唐笔就有笔毫短的特点，笔头基本呈三角形，和白居易《鸡距笔赋》中描述的情况基本吻合。这种短而硬的笔头对唐代书法产生了相当大的影响。

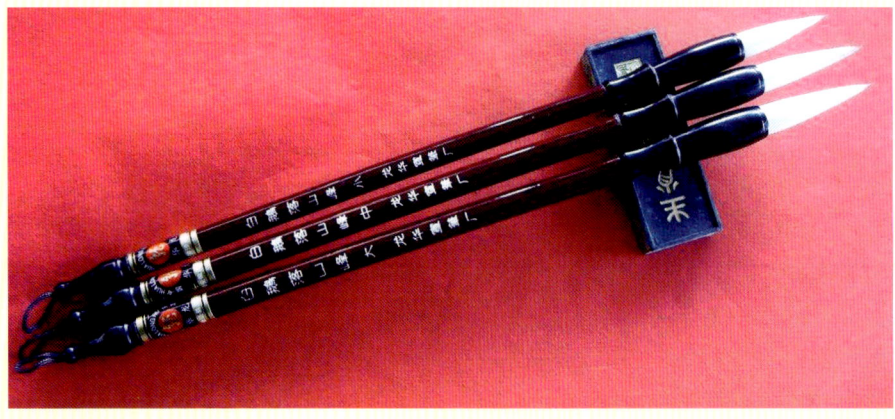

羊毫宣笔

第二章 肆意挥毫：文房四宝之笔

大号宣笔

魏晋时期，书法艺术蓬勃发展，毛笔工艺随之也出现了较大的进展。东晋时，最著名的毛笔莫过于宣州陈氏制造的笔，当时的名士王羲之等人都对这种笔赞誉有加。

唐代时宣州是全国的制笔中心。唐代的宣笔不管是制作技巧还是选用材料，都可以说是接近完善。柳公权、欧阳修、梅尧臣、苏东坡等名家对宣笔都做出过很高的评价。唐代大诗人白居易还写下了赞美宣笔的诗："每岁宣城进笔时，紫毫之价如金贵。"

宣笔在唐代时成为贡品和御用笔。唐太宗挑选贡品的时候首选的便是宣笔。

宋代出现了高桌，人们可以坐到椅子上写字，故而对笔锋的硬度要求也发生了变化，不过笔毫的原料几乎未变。

 文房四宝收藏品鉴

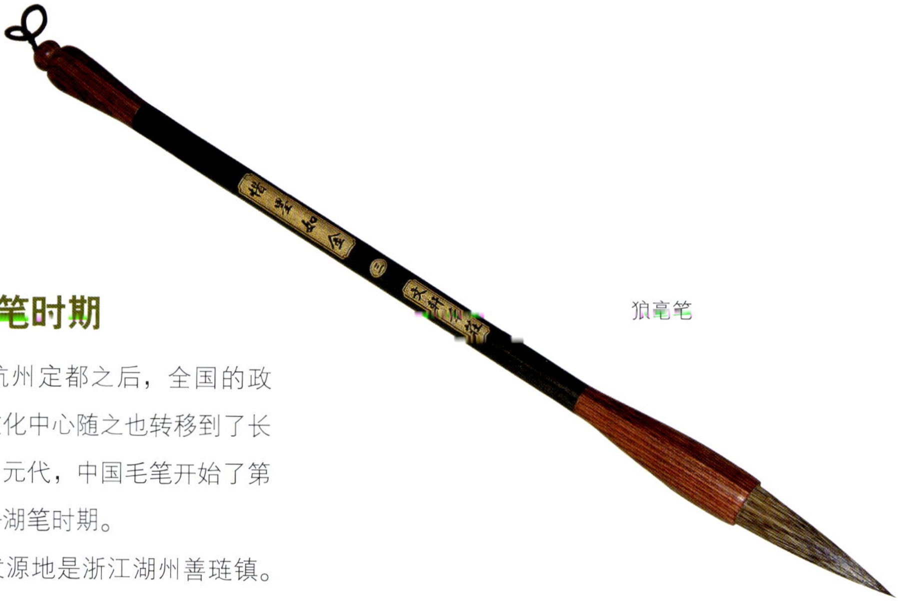

湖笔时期

南宋在杭州定都之后，全国的政治、经济、文化中心随之也转移到了长江以南。到了元代，中国毛笔开始了第二个时期——湖笔时期。

湖笔的发源地是浙江湖州善琏镇。善琏位于杭嘉湖平原，这个地区河网密布，农业发达，可以说是人杰地灵。善琏有"笔都"的美称。当时的湖笔和徽墨、端砚、宣纸并称为"文房四宝"。

狼毫笔

兼毫湖笔

第二章 肆意挥毫：文房四宝之笔

庐山云雾小号兼毫湖笔

　　元代制作湖笔的笔毫材质为山羊毛，或者利用羊毛与兔毛、狼毛配合制作成兼毫笔。湖笔的要求是尖、齐、圆、健。湖笔的笔头圆润而丰盈，软硬适中。当笔头下垂的时候会自然收拢成锋，挥毫泼墨相当潇洒。湖笔比宣笔柔软，并逐步替代了宣笔，成为最著名的种类。

　　湖州在明清两朝均为中国制笔业的中心。

文房四宝收藏品鉴

一号长峰羊毫湖笔

　　在两大名笔之外,有名的还有四川的宋笔。乐山古时候名为嘉州,传说北宋大文学家、书法家苏东坡曾经前往嘉州凌云山游玩。当时,山上刚刚建造了一座亭子,寺僧拿出本地出产的大抓笔请苏东坡给亭子命名。苏东坡答应之后,用这支笔蘸了墨,题下了"清音亭",寺僧纷纷称赞。苏东坡说:"不是我的字写得好,而是这支笔好。"北宋时期的书法家黄庭坚来嘉州游玩的时候,则用大抓笔题下了"方响洞"的名字。苏、黄两人都是名家,他们题字后,当时的人纷纷效法,并用二人所选之笔写字作画,推动了当地毛笔工艺水平的发展。世人都认为嘉州毛笔质量甚佳,故而命名为宋笔。

　　宋笔一直流传到现在,徐悲鸿在1937年还写出了"嘉州产名笔,工艺甲西南"的赞语。

第二章　肆意挥毫：文房四宝之笔

笔的组成

文房四宝中的笔是决定书法艺术水平的关键器具。毛笔发展到今天，不但种类多样，而且制作技艺极为精良。

翠亨春羊毫湖笔

四号长峰羊毫湖笔

毛笔构造简单，概括起来由笔管、笔头、笔帽组成，可谓一目了然。可是将每部分细分之后，又可以说是名目繁多，如笔杆、笔帽、笔毫的不同材质，笔锋的长短，笔的大小等，其中内涵极为丰富。

第二章 肆意挥毫：文房四宝之笔

笔管

笔管还有"笔梗""笔杆"的称谓。笔管是毛笔最主要的部分，笔管主要使用竹材质，木质为次，此外还有极少数使用非常名贵的材质。

竹笔管

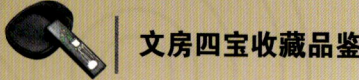 文房四宝收藏品鉴

兼毫大号笔

　　浙江余杭县的水竹，圆润且细长，节长心细，质地坚硬，一直都为全国制造毛笔的匠人所推崇。湖笔使用的鸡毛竹出产于浙西天目山北麓，是一种矮竹，这种竹子仅有15厘米高，是竹子世界里的"小矮人"，节稀秆直，秆内空心小。湖南、广西等省区出产的斑竹，别名湘妃竹，主体部分匀称直立，表面有紫褐色斑点，同样是制笔杆的主要原料，用其茎秆制作，有别样的工艺美感。

　　使用竹子做笔杆材料，必须严格遵循季节时令，这样才能让笔杆的质量变得更好，更加耐用。古人在选材方面有独到见解，如明代的李诩在《戒庵漫笔》中有记录："笔杆竹，冬管不蛀，春斫者则蛀。"

第二章　肆意挥毫：文房四宝之笔

　　木质笔杆最早发源于秦代，在蒙恬造笔的传说中便提到过用柘木为管（柘木是一种落叶乔木，材质坚硬，芯材为黄色，在历史上是贵重的木材）。近时制笔通常利用云南红木作为大斗笔的笔斗和笔杆的材料，这种木材细腻而且坚硬，色多为红紫色，所制笔杆沉重宜手。四川和贵州出产的楠木、分布于热带的紫檀和出产自海南的花梨，也都是制作笔杆的名贵材料。

兼毫中号笔

文房四宝收藏品鉴

兼毫小号笔

在竹子和木材之外，金、银、玉、水晶、琉璃、麟角、牛角、象牙等材质也可以制作笔杆，不过说起实际功用，其实并无分别，只不过是显示贵重而已。明代的屠隆在《考槃余事·笔笺》中有过描述："古有金管、银管、斑管、象牙管、玳瑁管、玻璃管、镂金管、绿沈漆管、棕竹管、紫檀管、花梨管。然皆不若白竹之薄标者为管，最便于用，笔之妙尽矣。"

笔杆主要是人的手执笔的部分，是臂膀、肘部、手指力量的交会处，力在此得以均衡，方可以稳定书写。手指执握笔杆的位置还称为握管的高低分寸，书法上的说法是笔位。不同的区别是笔杆如果二等分，等分的地方名为腰；腰到笔头的区域还可以分三处：靠近笔头的地方是一分处，中间为二分处，靠近腰的地方是三分处。毛笔字的大小和笔位密切相关，通常撰写中楷、小楷字时执笔宜在三分处。

第二章　肆意挥毫：文房四宝之笔

笔头

笔头是毛笔的主要构成部分之一。笔头的质量直接影响着笔的质量。明代屠隆《考槃余事》中说："笔之所贵者在毫。"笔头尖端的区域有透明发亮的部分，在书法上称为"颖"，日本书法则称其为"命毛"；不发亮的部分称为"毫材"，日本书法则称其为"水毛"。锋颖长较为耐用，故用这个标准可以判断一支笔是不是好笔。锋颖如果磨损了，那笔的生命力便基本耗尽了。

笔头质量如何和毛质的优劣关系密切，而毛质的好坏又和动物的种类、生长的区域、发育的状态和气候环境等条件是直接相关的。毛笔的毫毛种类主要有羊毫、狼毫、紫毫、兼毫（两种毫毛合用）4 种。

野狼长毫

毛笔的笔尖

033

 文房四宝收藏品鉴

羊毫笔

最常见的笔毫是羊毫，羊毫笔的笔毫材质为山羊毛，质量最佳的便是湖州嘉兴路的山羊毛。这种山羊毛具有毛细、锋嫩、色白、质净的特点，别处出产的山羊毛根本无法比拟。羊毫笔笔毫较软，弹性较差，不易掌握。羊毫笔的特点是含墨量大，圆润且书写随意。用于草书，能够做到一气呵成，是书写大字的不二之选。

第二章　肆意挥毫：文房四宝之笔

二号净尾狼毫笔

初学书法的书法爱好者多喜欢狼毫笔。狼毫笔的笔毫材质为黄鼠狼毛，以东北寒冷地区出产的狼毫质量最优。笔毫锋颖犀利，材质均匀细腻，长短整齐，富有弹性，比紫毫更容易上手。用狼毫笔学习书法，字体的粗细和大小都可随心掌握，更适合书写行书和草书。但是狼毫笔书写不够圆润。

 文房四宝收藏品鉴

兼毫小楷笔

兼毫小楷笔

紫毫笔主要利用山兔毛材质做笔尖，最佳的材质是宣州秋后采集的山兔毛，因毫毛呈紫色，故而得名紫毫。制笔的时候多利用山兔脊背部分的毛，这部分的毛弹性出众，而且质地坚韧。紫毫的不足之处是不耐用，使用寿命不长。纯紫毫笔不多见。

第二章　肆意挥毫：文房四宝之笔

兼毫笔笔头是利用两种兽毛配好做成的，主要是羊毫和兔毛或羊毫和狼毫，通常用紫毫和狼毫做柱（笔芯），羊毫为被，兼毫笔能够自由调节软硬，可以说是取长补短，因而性能优异。软、硬毫料通过变动比例，还可以做出偏软和偏硬的笔尖。偏硬的兼毫笔有"五紫五羊""七紫三羊""九紫一羊"等；偏软的兼毫笔则有"二紫八羊""三紫七羊""四紫六羊"。上面提到的数字指的就是毫毛具体的比重，这是大概的说法，并不绝对确切。兼毫笔通常用来书写中、小楷字。因为使用范围很广，所以兼毫笔深受广大书法爱好者的喜爱。曾经有人使用兼毫笔做过书写实验，抄写稿件，可以写下三万七千字而不废，这足够证明兼毫笔耐用的特点。

熊毫抓笔

除了上述各种材料用得比较多外,还有人用其他少见材料制造了稀有产品。如利用鼠的胡须做成的鼠须笔;利用雄鸡胸前的羽毛制作的鸡毛笔;利用鹿的毫毛制作的鹿毛笔;使用人的须发制作的人须笔;利用小儿胎发制作的胎发笔等。另外还有许多少见兽毛制作的笔,如猩猩毫、紫貂毫、猪鬃、马毫、马鬃、狸毫、狗毫、猫毫、虎毫、豹毫、獭毫、虎仆毫、熊毫等;也有使用飞禽羽毛制作笔毫的,如鸭毫、鹅毫、雁翎、孔雀毛、海鸥毫等。

第二章 肆意挥毫：文房四宝之笔

 笔的种类

  毛笔有多种类型，按照用途来分，书写方面有用于书写楷书的折笔，用于书写楹联的联笔、对笔、屏笔，用于书写"横画斜上"等笔法的策笔和书写二尺多大字的提笔等，须眉笔、衣纹笔则适合绘画，如绘制人物和绣像等。
  但通常可将笔分为以下几种：

二号小光峰羊毫湖笔

羊毫草书笔

软毫笔

如前述,软毫笔的笔尖使用比较柔软的动物毛制作,代表毛笔是羊毫笔,另外还有鸡毫笔和胎毫笔。软毫笔通常弹性较差,但是易于蓄墨,因此写出的字具有圆润浑厚的特点。用软毫笔练字,更利于提高腕部力量。但初用软毫笔的时候常感觉不适,书写的字体常无筋无骨,形同"墨猪"。

第二章 肆意挥毫：文房四宝之笔

通常羊毫笔的羊毫较细、较长，柔软且强韧，更适合撰写大楷及擘窠大字。羊毫笔的笔尖在吸墨之后能够滴墨不漏、抱拢不散，而且不会分叉。

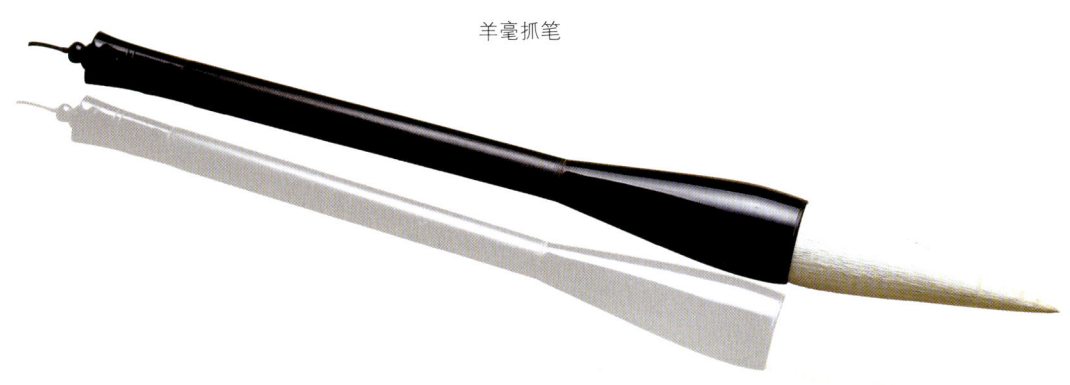

羊毫抓笔

文房四宝收藏品鉴

羊毫长峰毛笔

鸡毫笔使用的毛料来自雄鸡前胸，故而比羊毫更软。胎毫笔也是一种非常柔软的笔。

硬毫笔

硬毫笔使用的材质是弹性较强的动物毛，因此硬毫笔写出的字俊秀挺拔。可是初用硬毫笔时，点画会显得瘠薄多角，字体有骨无肉，有刻板生硬的感觉。硬毫笔的笔尖用到的材质包括兔毫、狼毫、鹿毫、鼠须、石獾毫、山马毫、猪鬃等。

狼毫斗笔　　　　　石獾斗笔　　　　　石獾大长峰笔　　　　狼毫至尊

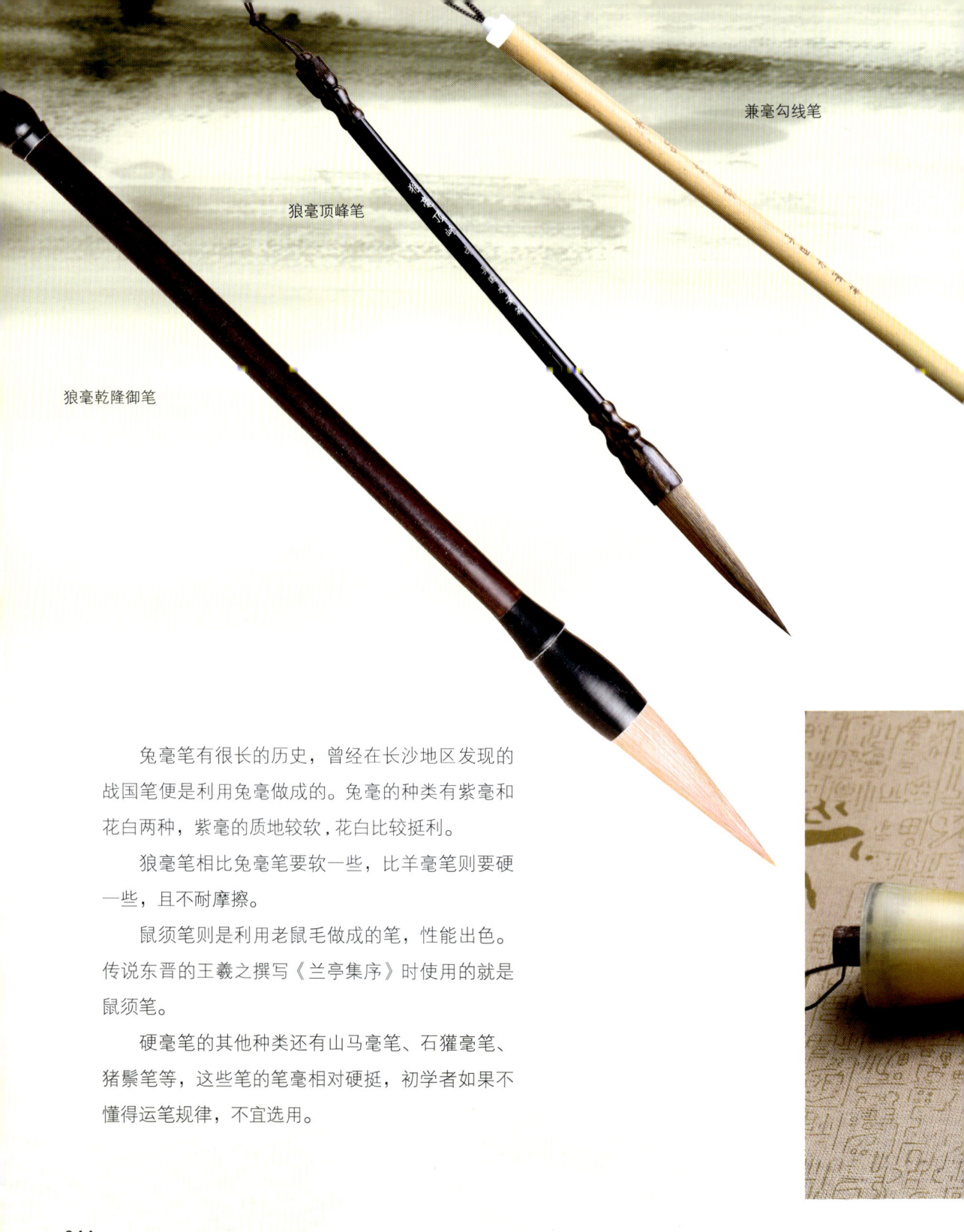

兼毫勾线笔

狼毫顶峰笔

狼毫乾隆御笔

兔毫笔有很长的历史，曾经在长沙地区发现的战国笔便是利用兔毫做成的。兔毫的种类有紫毫和花白两种，紫毫的质地较软，花白比较挺利。

狼毫笔相比兔毫笔要软一些，比羊毫笔则要硬一些，且不耐摩擦。

鼠须笔则是利用老鼠毛做成的笔，性能出色。传说东晋的王羲之撰写《兰亭集序》时使用的就是鼠须笔。

硬毫笔的其他种类还有山马毫笔、石獾毫笔、猪鬃笔等，这些笔的笔毫相对硬挺，初学者如果不懂得运笔规律，不宜选用。

第二章 肆意挥毫：文房四宝之笔

兼毫笔

兼毫笔的笔毫分为硬毫和软毫，通常是芯柱使用硬毫，外围使用软毫包裹，笔性在硬毫和软毫之间。兼毫笔多利用紫毫与羊毫混合而成，用羊毫与狼毫合做成的笔是羊狼毫笔（又名"白云"）。羊狼毫笔根据不同的尺寸可以分成"小白云""中白云""大白云"。

兼毫笔软硬适中，而且弹性较好，更利于初学者上手，特别适合刚刚接触毛笔字的人使用。

兼毫抓笔

 文房四宝收藏品鉴

笔的选购

毛笔有"四德",分别是尖、齐、圆、健。四德还常被称为"四美"或"四优"。

第一是尖,含义是笔毫聚拢的时候末端呈尖状。只有满足了尖的特质,写字的时候才会出现锋棱,便于传神。如果不够尖,则会出现秃笔的情况,整体书法风韵全失。购买新笔的时候要留意笔毫是否聚合,由此可以辨别出尖笔和秃笔。在检查旧笔时,需要将笔毫润湿,然后看笔毫的聚拢情况,则尖秃立辨。

第二是齐,当笔尖湿润并且压开之后,毫尖齐则意味着笔毫的长短合适,中间没有空隙。使用齐笔运笔的时候,万毫同用力便可以撰写出心仪的字体。检查笔毫是否整齐,需要把笔毫完全润开,但是选购毛笔的时候难以做到这一点。

第三是圆,意思是笔毫饱满,毫毛要数量足够。毫毛充足的时候书写有力道,但是如果毛笔的毫毛不足,那便没有足够的笔力。当笔毫饱满圆润的时候,运笔才能圆转如意。选购时,检查毫毛饱满与否可以通过仔细观察来鉴别。

笔毫整齐

第二章　肆意挥毫：文房四宝之笔

第四是健，意思是笔毫的弹力充足，有一定的弹性才能够任意书写。如果笔尖的弹力出色，则把笔毫重压后提起，笔毫通常会立刻变回原来的样子。一般说来，兔毫、狼毫的弹力比羊毫要好，书写的字迹更加坚实挺拔。检查这一点时，要先将笔毫分开，之后把笔尖放到一个平台上摁住，然后提起来，如笔锋可以马上伸直，便具有健德。

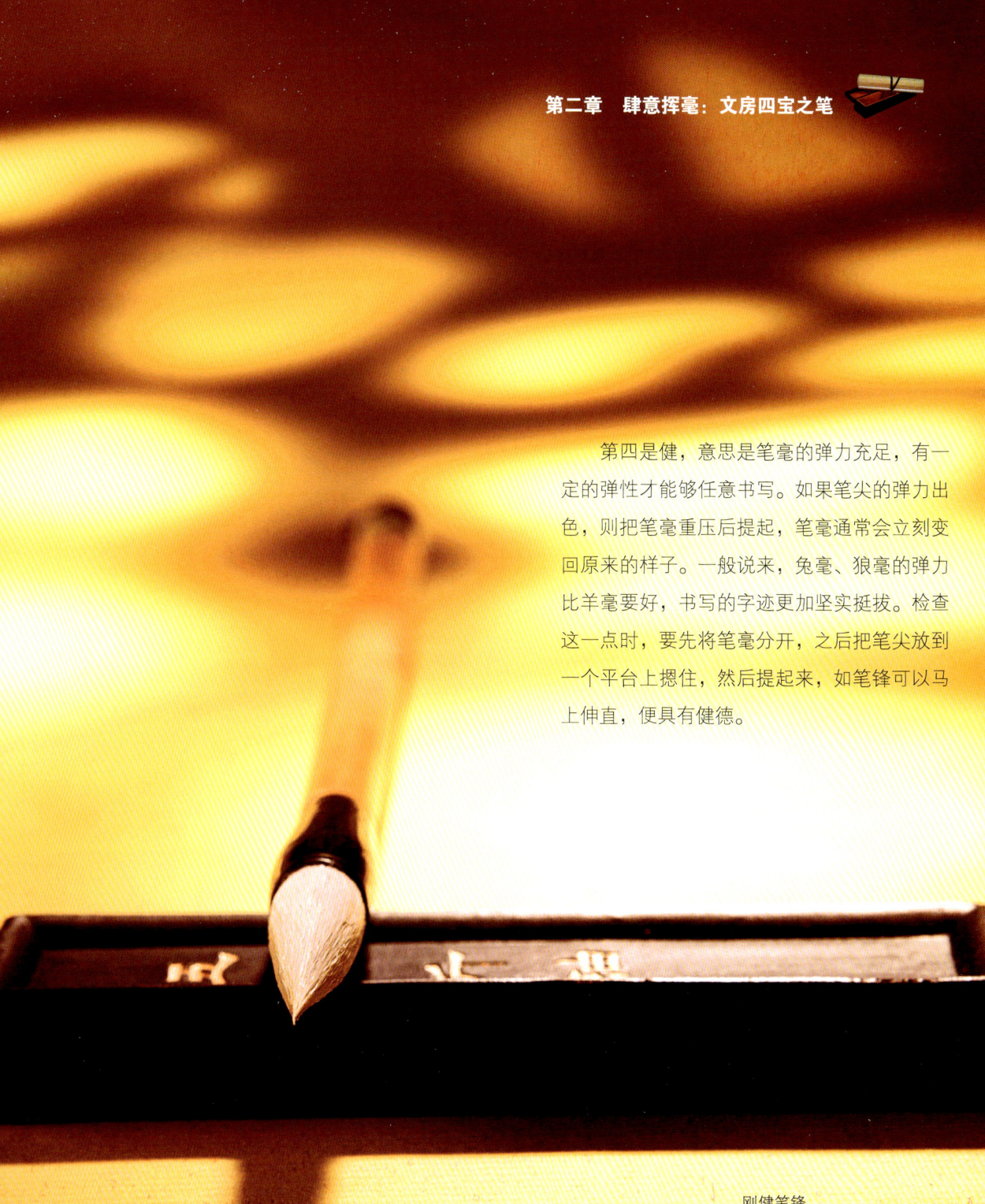

刚健笔锋

"四德"暗含的是笔的优秀性能,通常说来,选笔时先要仔细观察所临摹的碑帖,如果碑帖字迹的风格相对刚硬,则要使用健毫;如果柔媚丰腴,则使用柔毫;中性的话,则用兼毫。只有选择了正确的笔,书法境界才可以提升得更快。

另外还需要注意字体的大小。大字需要用大笔来写,小字则需要用小笔。小笔不能写大字,因为会伤毫,并且书写也不灵便;如果用大笔写小字,则会出现笔画粘连或重叠,写不成好字。

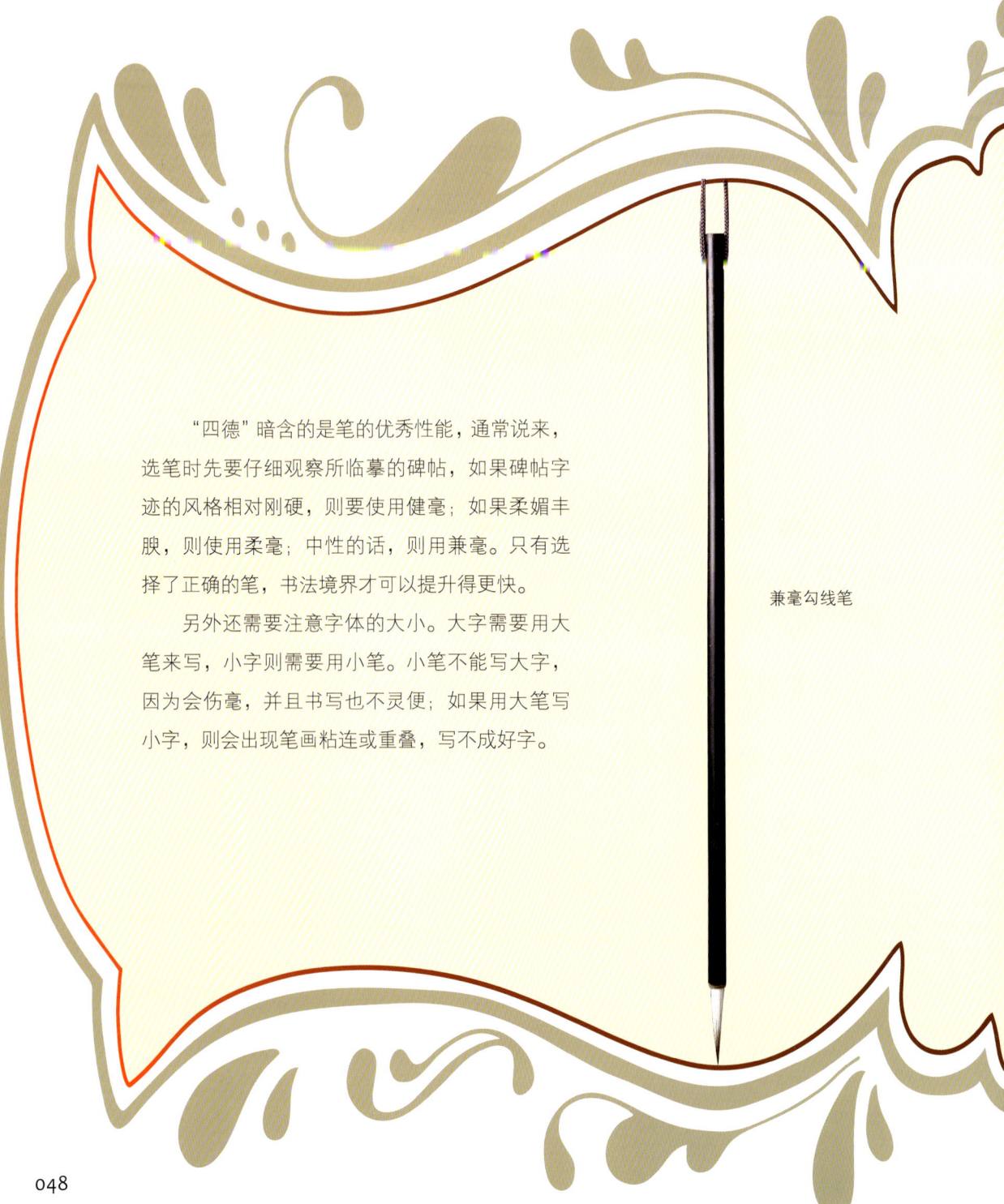

兼毫勾线笔

第二章　肆意挥毫：文房四宝之笔

笔的鉴别

　　从古至今，笔的发展变化都随着书写、绘画的发展而改变着。传统的笔毫常见的是竹笋式的，是一种短锋羊毫、兼毫笔类，笔锋粗而短，很像笋，落纸凝重厚实；兰花式笔毫也是常见的传统笔毫，这种笔毫洁白且柔润，很像要开放的玉兰，给人以秀美之感。

　　笔管的材质有许多种，不管是宋代的玉、明代的瓷，还是清代的象牙，固然都精美华丽，但是重力不匀称，在书写上不如竹材质。现代人收藏毛笔，更加在意笔管。毛笔重要的部分是笔毫，笔毫易毁，现在存留的多是笔管，时下毛笔鉴赏和收藏的重点是装饰情趣浓厚、色彩艳丽、内容丰富的笔管。

文房四宝收藏品鉴

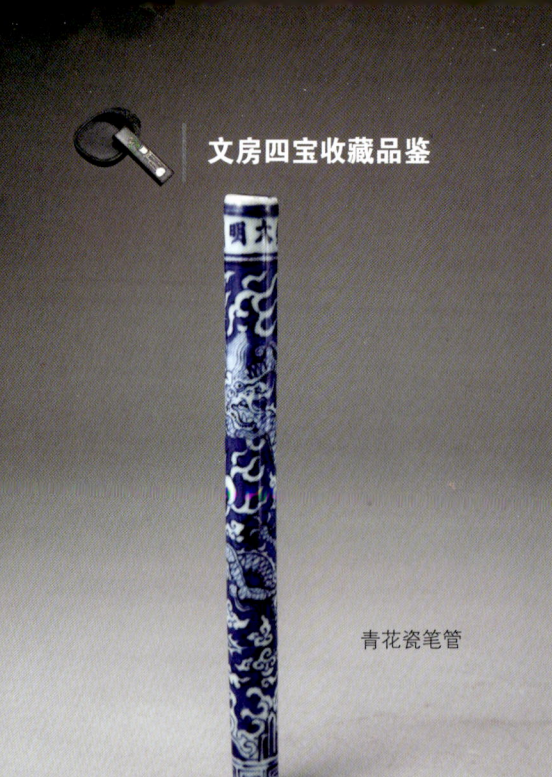

青花瓷笔管

当笔管变成主要的收藏和鉴赏的部分之后，人们就开始利用珍宝珠玉来做笔管，用以获取装饰之美或炫耀自己的身份和财力。保存下来的古笔的笔管通常是瓷、玉、漆等材质，另外还有小部分金属和象牙的。因为材质很珍贵，而且存世数量并不多，故而有很高的收藏价值。古时候的能工巧匠还会在笔管上的细节部分雕刻山水人物、花鸟竹石、亭台楼阁，这让笔有了异常的装饰趣味，堪比书画精品。

象牙笔

笔管的鉴赏重点首先是材质。玉、瓷制笔管很受推崇而且容易保存，但价格不低；象牙、漆制笔管价值很高。其次得看制作的工艺。漆制笔管要看工艺水准，瓷制笔管要观察细节纹饰，玉制和象牙的笔管要看雕刻的水平。综合考虑笔管的情况，才能准确判断笔管的价值。

第二章　肆意挥毫：文房四宝之笔

明清时期是中国制笔行业发展最快的时期，进贡皇室的御用笔和官府用笔，制作工艺精良自不必多说；民间的毛笔同样也很注重装饰和美观。常见的笔管材质包括竹、玉、雕漆、象牙、瓷、珐琅等，具体到笔管装饰，通常都是极尽修饰之能事，修饰风格异常丰富。

想要对笔进行综合鉴别，必须考虑到不同时期笔的特征，要熟悉制笔名家和名人的时代背景及个人风格，仔细分辨笔的产地；鉴别是民间还是宫廷的用笔；留意笔毫的完好与否；最后要仔细观察笔管装饰，看是否具有名家镌刻，有没有名人的赠语或题跋；最终才可以判断出收藏价值。

清代黑漆嵌银字毛笔

文房四宝收藏品鉴

笔的收藏与保养

一般毛笔的日常保养

购买毛笔之后,需要注意保养。使用新笔要进行的第一步工作是开笔。开笔就是将笔用温水泡开,注意入水时间不能太长,散开即可,过度浸泡可能会泡开笔根的胶质,使毫毛容易脱落,会直接损伤笔的质量。紫毫笔比较硬,可以多浸泡一段时间。开笔之后,这支毛笔便可正常使用了。

开笔

第二章 肆意挥毫：文房四宝之笔

使用毛笔之前需要润笔。润笔的工作是不能省去的，不可以直接提笔蘸墨。润笔的方法是先用清水将笔毫浸湿，然后提笔，注意不能久浸，以免泡开胶水。笔毫化开就能挂笔了，直至笔锋恢复韧性为止。润笔需要十几分钟。笔在存放的时候要保持干燥，故而必须在用笔前进行润笔，不润笔的话毫毛会断，弹性不佳，就写不出好字了。

写字时需要入墨，蘸墨的程序同样不简单，基本要求是均匀入墨，墨汁可以完全被笔毫吸进去。在这之前要将笔毫上的清水先吸干，可以用吸水纸吸干笔毫上的水分。古人说："笔之着墨三分，不得深浸，致毫弱无力也。"意思是蘸墨的时候最好蘸三分墨，墨少的话就太干，运笔不流畅；墨多的话则容易使笔头膨胀臃肿，失去弹性。

加健小提笔

 文房四宝收藏品鉴

笔的放置

　　使用完毕之后要马上洗笔。研磨的墨中是含有胶质的，如果不立刻清洗，笔毫干后会与墨、胶黏合，这样再使用时便很不容易开笔，还可能伤到笔毫。洗笔之后要将多余的水分吸干，把笔毫弄得顺畅，这个过程和入墨之前相同。将笔悬于笔架上，把剩下的水分都清理干净，使毛笔干燥。毛笔放置的位置必须是阴凉的地方，不能暴晒在阳光之下，这样可以保持笔毫的原形及特性。

第二章　肆意挥毫：文房四宝之笔

古笔的收藏与保养

古笔历经了时间的磨砺，存续到今天，颇为不易。古笔其实已经不仅是毛笔了，更多的是代表了古代的文化。鉴别古笔，先要了解笔的历史，这样才可以更深层次地了解笔的相关内容。

明代五彩龙纹笔管

 **文房四宝收藏品鉴**

湖笔

收藏古笔的时候，需要了解笔的历史上限和下限、区分制笔地区、熟悉制笔名家的工艺特色，弄明白是民间用笔还是宫廷贡笔。鉴赏古笔的时候，需要观察笔毫的情况，之后再仔细研究笔管的装饰，观察笔管是否有名家的题字和篆刻。只要我们能够丰富自己的知识，多见多识，平时注意向别人多学习，就可以提高自己的鉴别能力。

收藏古笔最好要有一个具体的方向，比如可以从以下几个方面来进行：

（1）名匠作品：中国不同历史时期的著名制笔工匠有许多，各个朝代都有，这类名匠作品的收藏比较常见。因为保存不易，故存留至今的大都不完整。现在常见的古笔多为近代名匠所做，时期有晚清、民国等。

（2）种类齐全：收集古笔的时候，并不需要严格按照古笔和名笔的标准进行，不少人追求种类的齐全。如按笔毫品种收集，按笔管的不同材质来收集或按不同用途收集等。

（3）同流派的作品：按照不同地区流派的特点，选择相应流派的作品进行专门的收藏，如有的人专门收藏湖笔，有的人则专门收藏湘笔。

第二章　肆意挥毫：文房四宝之笔

收藏了古笔后，必须注意妥善保管，应注意以下几点：

第一，刚收藏的笔，先要用笔洗把笔上的宿墨清理干净，特别要留意笔头根部。然后把笔毫整理顺滑后晾干，以免导致笔毫霉变。

毛笔锦盒

笔洗

第二，笔毫最怕受潮和虫蛀；笔杆在干燥的环境中易崩裂，而瓷杆、玉杆则要谨防碰撞。平时最好的保护办法是使用双层的套盒，外层的盒子是锦盒，放置笔的盒子用漆盒。可使用樟脑精去潮，同时注意樟脑精要与笔毫分开放置。

第三，经常仔细查看，出现问题迅速进行处理和补救。

淡雅内敛：
文房四宝之墨

第三章

 **文房四宝收藏品鉴**

墨是颜料的一种,中国传统的书写、绘画都要用到墨。墨在中国的传统文化中占据着重要的位置,墨直接造就了伟大的中国书画艺术,促进了印刷术的发明与发展,丰富了世界文化宝库。

唐墨

第三章　淡雅内敛：文房四宝之墨

墨的起源与发展

　　中国用墨的历史十分久远。最早在距今5000多年的新石器时代的器物上便发现了黑色的颜料，当然那时这种颜料并非是墨。曾经有人对甲骨文上面的颜料进行了研究，得出的结论是它非常接近后来的墨，因此我们可以知道墨的使用可以追溯到商代。商、西周、春秋、战国等时期的文物中都能够看到墨色的字迹和纹路，春秋战国时期便创制了"墨刑"，这种刑罚就是在犯人面部刺字并涂上墨，墨色永远不褪，又称为"黥刑"。

万寿无疆油烟墨

文房四宝收藏品鉴

墨的特性古人有精妙的陈述："黝如漆，轻如云，清如水，浑如岚；香如婕妤之体，不五蕴而馨；光如玄妻之发，不膏沐而鉴。"墨可浓可淡，可刚可柔，通过调和墨汁，可以达到"以润取妍，以躁取验"的效果。当用墨作画的时候，还能够"运墨而五色俱"，实现"浓、淡、干、湿、枯渴、焦躁"等不同的状态，对应出明暗、远近、体积和质感，达到和使用多种色彩作画相同的艺术效果，进而体现出书画的风格、气质及情趣。

墨不仅是历代艺术大师进行艺术创作的工具，也是中国书画艺术表现独特个性的原因。因为墨的存在，中国历代都涌现出了大量的优秀书画作品，作品的数量之多，犹如浩瀚星辰，光耀千古，扬名于世界；因为墨的存在，中国古代的典籍和拓片才最终能够流传，极大地丰富了中国的文化宝库；因为墨的存在，四大发明之一的印刷术才能够发明出来，这些都给文化的繁荣和昌盛提供了物质支持。

红星墨汁

第三章 淡雅内敛：文房四宝之墨

普通墨

书法和国画的主要颜料便是墨，主要的工具则是毛笔，因此有"笔墨"的称呼。古时的墨，是取自自然中的黑色土石，然后加工做成。近代丁文隽在《书法精论》当中便有描述："墨字从黑从土，是古代之墨当为土石之色黑者，用以作书，易于辨识耳。"

墨的具体起源现在还不能确定。根据考古发现，最早于新石器时代，墨色便在制陶工艺中广泛流行了。1952年，陕西省西安地区发掘出土的半坡遗址中发现的不少陶器的上面，除了黑白颜色对比清楚外，还有红色颜料。从这里可以知道当时墨的多种应用。

半坡陶器

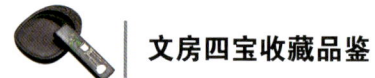
文房四宝收藏品鉴

　　1931年，著名的龙山文化遗址中出土了纯黑色陶器，陶胎如蛋壳一般，郭沫若在《中国史稿》当中描述道："由于在烧成晚期封窑严密，用烟熏法进行渗碳的结果，烧出的陶器呈乌黑色。"因此可以知道这种墨色和传说中的色石染料并不相同。

　　新石器时代的炭黑已经用到了绘画之上。夏代之后，墨主要被用作祭器的颜料。

龙山文化黑陶盆

第三章 淡雅内敛：文房四宝之墨

商代不仅出现了用于文字书写的墨，还出现了朱墨。殷墟曾经发现了三块骨版，骨版上竟然还有残破的几个红色毛笔字，还能够辨认出字迹。经过对颜料进行分析，发现甲骨文中只要是红色字迹，主要成分都是朱砂；黑色则是碳素单质（现在为做墨的原料）。这充分说明商代墨已经不局限于作为书写的颜料了，新出现的朱墨用来进行书写和装饰都非常常见。在商代遗物中，甚至还发现了磨制后当墨使用的木炭。

甲骨文

文房四宝收藏品鉴

西周时期发明了人造墨。古籍主要记录了"刑夷造墨"的说法。《述古书法纂》中有记录,最早于西周的周宣王时,"刑夷始制墨,字从黑土,煤烟所成,土之类也"。明代的罗颀则于《物原》当中记录道:"刑夷作松烟墨,奚廷硅作油烟墨。"这是人造墨在中国历史中最早记录。前一种说法中提到刑夷使用煤烟造出了人造墨,后一种说的是刑夷先把松枝燃成灰烬,之后制造了人造墨,这种方法和后世的制墨法基本相同。

松烟墨

第三章　淡雅内敛：文房四宝之墨

西周时期，墨的使用范围扩大了，不仅用于文字的书写，也用于其他方面。西周初期，中国出现了最早的竹、木简书，上面的字迹都是墨留下的，东汉王充的著作《论衡》中便有相关记录："截竹为简，破以为牒，加笔、墨之迹，乃成文字。"

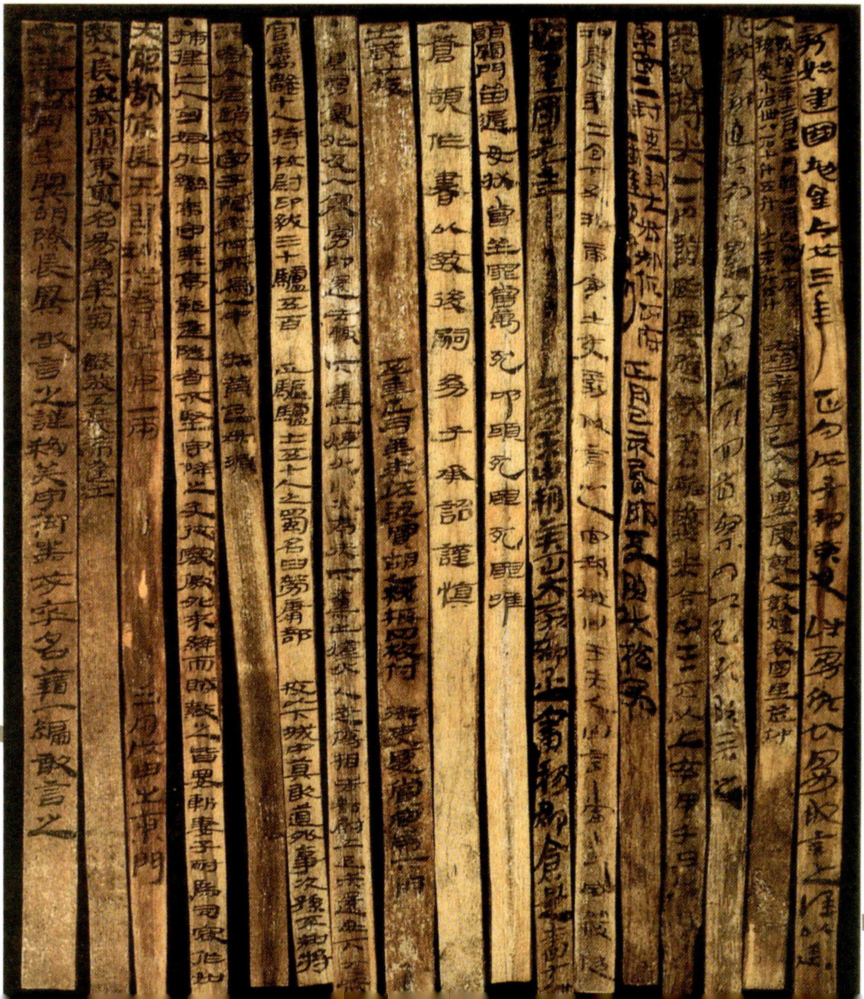

木简

帛书

1978 年，在著名的曾侯乙墓中发掘出了 200 多支竹简，上面有 6600 个左右的墨字。研究发现，这些竹简的时期为春秋末年至战国早期，距离现在已经有 2400 多年。迄今为止，曾侯乙墓的竹简是中国考古发现最早的竹简。1954 年，湖南长沙杨家湾发现了战国的墓葬，其中也发现了墨书的竹简，还发现了装有黑色块状物的竹筐。据研究分析，这就是当时用于书写的墨。

曾侯乙墓竹简

依据发现的春秋战国遗留的帛书、帛画以及竹简上的清晰内容来判断,周时的制墨水平相当高超,已经不局限于使用天然墨了。

松烟墨最早出现于战国末期,那个时期的松烟墨还没有出现形制,墨块的主要构成原料是碳素单质(烟、煤)与胶(或传说中的粥)。松烟墨很容易溶于水,故而无法在墓葬中长久留存;而胶或粥一旦受潮便失去了黏合力,天长日久,墨也就自行损坏了,因此很难发现周之前的墨块实物。

松烟墨

第三章　淡雅内敛：文房四宝之墨

西周时期人造墨发明，在经历了春秋战国时期后，人造墨的使用越来越普遍。

秦大一统存在的时间很短，墨的发展并无太大突破。西汉时期的墨基本继承了秦代墨的特点，还没有出现墨锭，使用时还必须配合研磨棒压碎并研磨才能使用。1975年，湖北江陵凤凰山的西汉墓葬当中出土的墨和砚都证明了上述观点。这种情况直到东汉时期才得以改变。墨加工成了锭，因此能够独立研磨。当时的制墨中心主要位于隃糜（今陕西千阳东）地区，这个地区有非常茂密的松林，人们开始进行松烟墨的烧制，逐渐声名远播。元代人伊士珍撰写的《琅环记》当中有记录："汉人有墨，名曰隃糜。"这便是对隃糜地区制墨的记载。蔡质《汉官仪》中也有记录："尚书令、仆、臣、郎，同赐隃糜大墨一枚，小墨一枚。"这从侧面证明东汉时期的隃糜墨是相当贵重的，只有官职达到一定品级才能享受到这种特殊的赏赐。

墨锭

文房四宝收藏品鉴

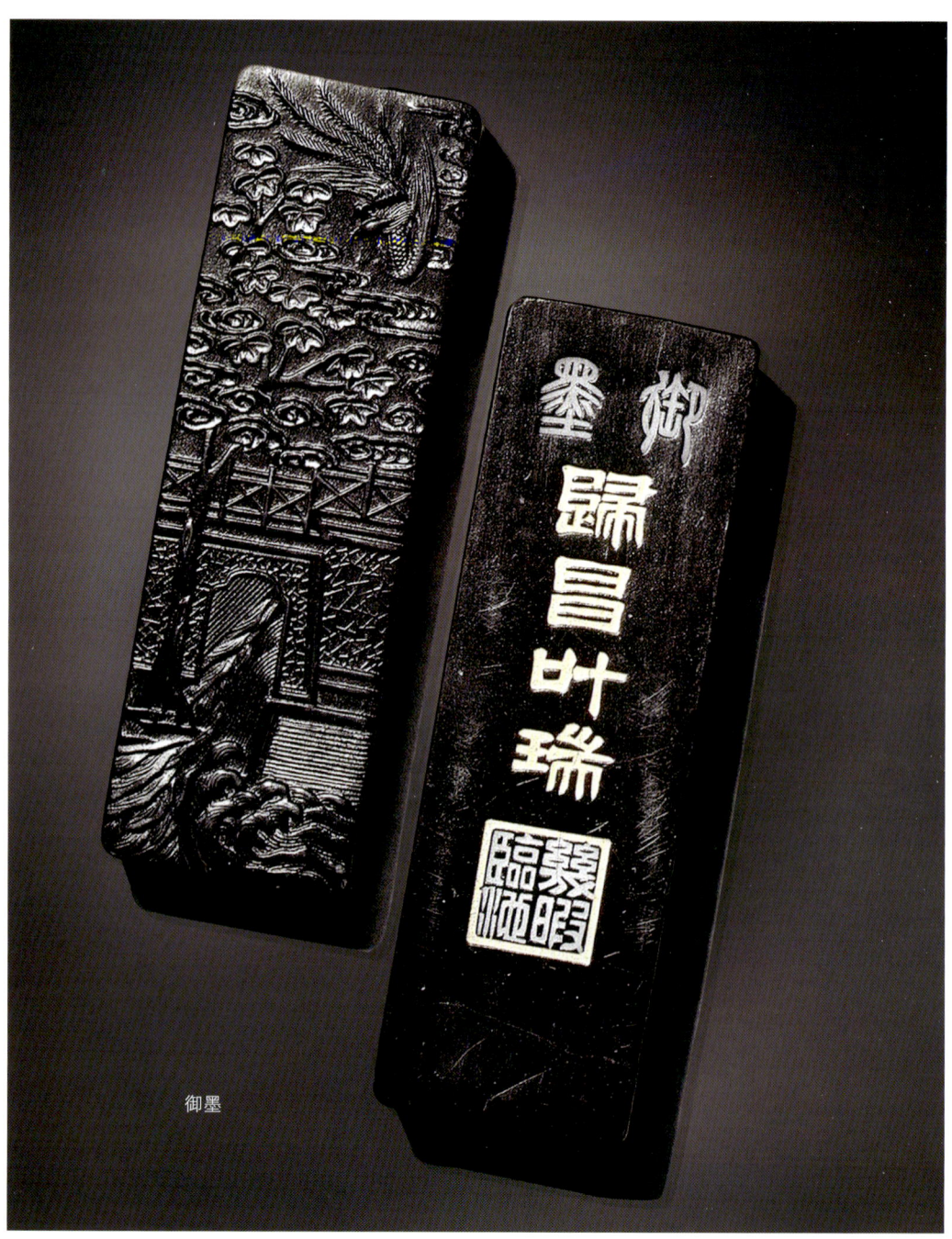

御墨

第三章 淡雅内敛：文房四宝之墨

最初的墨并没有形制。伴随着墨锭形式的出现，墨便可以直接研磨了。这在中国制墨史上是相当重要的事情。墨锭的出现也直接导致了研磨棒的消失。而作为墨的代称，"古隃糜"或"隃糜"的说法逐渐被文人们所认同。

东汉时期的隃糜名墨产量并不大，由于当时社会经济发展的限制，人造墨显然无法满足需求，故而天然墨还是主流，人们在日常生活中还是使用天然墨。东汉末年的曹操在邺都建造了铜雀台。历史记载铜雀台"高八尺，有屋一百四十间，上有冰室数井，井深十五丈的冰井台"。冰井台的用途不仅是藏冰，还用来储藏书写的墨。

国宝墨锭

徽墨墨锭

魏晋南北朝是中国政治动荡的时期，不过当时的文化却出现了迅速发展，尤其是制墨业的发展。松烟墨的制作工艺已经完全成熟。

魏初时期的制墨技术是在汉代烧松取烟质的技术基础上继续发展改进的，主要改进的方向是工艺技术和配料，伴随着这些改进，松烟墨的质量得到了提升。当时著名书法家韦诞为松烟墨的发展做出了很大的贡献，他甚至独创了一种制墨的技术，故后人将其看成制墨的祖师爷。

北魏贾思勰的《齐民要术》和宋代苏易简的《文房四谱》都记录了韦诞制墨法。韦诞的制墨技术是"捣胶和烟"，墨中加入贵重的配料，可以促使烟墨迅速固化，且质地细密，墨料温和，颜色明亮，墨香悠悠，能够抵抗腐蚀和虫蛀，攻克了之前墨不易凝结的缺陷。韦诞墨改进了隃糜墨，在墨的质量上更是超越了隃糜墨，当时的人称赞说"仲将之墨，一点如漆"。许多文人、书法家都很推崇韦诞墨，当时的著名书法家蔡邕最喜欢用的文具组合就是张芝笔、左伯纸和韦诞墨。韦诞制墨法流传后世，一直被借鉴。

块墨

第三章 淡雅内敛：文房四宝之墨

松烟墨

汉代之后，制墨的地区大大增加，在传统的墨产地陕西扶风、延州、隃糜之外，安徽、江西等地区都出现了制墨业。

东晋时期，因为政治中心的南迁，江南地区出现了几个松烟墨的出产地区，比如江西庐山，山上山下都能够看到松树林，非常适合松烟墨的制造。东晋女书法家卫夫人就很偏爱庐山松烟墨。

文房四宝收藏品鉴

松烟墨

　　魏晋书法艺术呈现出一片欣欣向荣的景象，书法艺术的繁荣推动了墨的发展，大批质量精良的墨又给书法家的创作提供了物质保证。现在留存的东晋王羲之、王献之父子的书法真迹已经超过了1600年，可是墨色丝毫没有变化，依旧浓烈幽深。名家的墨宝能够留存至今，体现了当时高超的制墨水平。

　　到了南北朝时期，河北易州（今河北易县）地区的"易墨"因为质量优秀，逐渐被人们所认识，当时的江南书法家都很喜欢这种墨。易墨当时是北方墨的代表，"易水墨工"在全国制墨行业享有很高的声誉。

第三章 淡雅内敛：文房四宝之墨

魏晋南北朝时期主流的墨便是松烟墨，很多人都写了歌颂松烟墨的文字，如曹植的"墨出青松烟，笔出狡兔翰"；郑众的"九子之墨，藏于松烟"。当时还有另外一种墨，是用漆烟和松烟混合而成的，这种混合的墨通常呈丸状，类似圆形墨，可以用手拿着在砚上磨墨。

魏晋南北朝时期的制墨大师有许多，上面介绍的韦诞是其中的一位。另外，晋武帝时的张金、南朝宋文帝时的张永、北朝易州奚氏家族都是当时的翘楚。

隋唐五代时期是中国经济文化大发展的时期，兴盛的书画艺术直接成了制墨业发展的推动力。

松烟墨

文房四宝收藏品鉴

王羲之墨宝

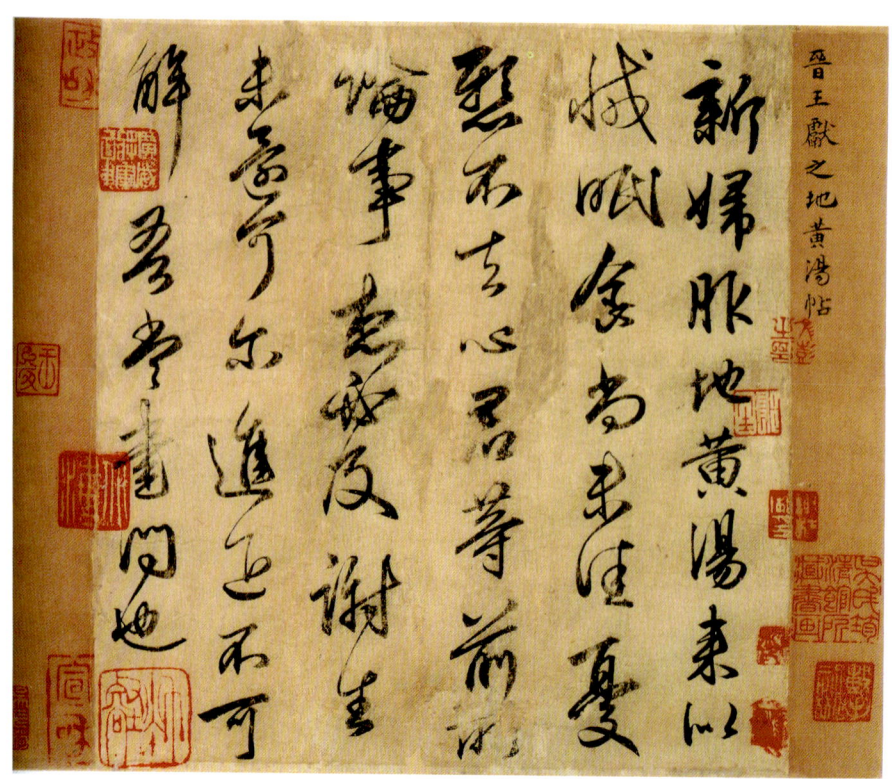

王献之墨宝

第三章　淡雅内敛：文房四宝之墨

唐初北方墨主要为皇家所用，北方产的墨几乎垄断了全国的墨市场，涌现出许多优秀的墨工，师传弟承、子承父业，整个行业欣欣向荣。唐后期战乱频发，大量人口迁徙到了南方，国家的经济重心随之也逐渐转移到了南方，徽墨的诞生正是因为这次人口的大流动。

徽墨

历史记载徽墨最早出现于南唐时期，徽墨的创始人是唐末和五代十国的奚超、奚廷珪父子。奚家原来居住在河北易水，奚超原来就是墨工，后晋割让了燕云十六州，奚超不想遭受外族奴役，故举家南迁。途中路过黄山，看到当地的松石如此美丽，同时还发现皖南的松烟有出色的品质，尤其适合做墨，便留在歙州，以皖南古松为原料，之后还催生出了捣松、和胶的工艺，最终创造出"丰肌腻理，光泽如漆"的优秀墨品。

徽墨墨锭

文房四宝收藏品鉴

  南唐后主李煜非常喜欢文艺，书法、绘画皆有造诣，他曾经册封奚廷珪担任墨务官，而且还赐奚廷珪国姓，奚廷珪制作的墨故而还被称为"李墨""廷珪墨""歙州李廷珪墨"等。当时民间流传着"黄金易得，李墨难求"的说法。北宋著名书法家蔡襄曾经说李廷珪制造的墨未研磨之前十分坚硬，甚至可以削木，即使长期置于水中也不会变质，可见"李墨"的品质确实非同凡响。

  宋朝的统治者相当重视文化，全国各地书院林立，科举等制度更加完备，印刷技术也有了新的发展，制墨工艺在这种环境下迅猛发展，特别是江南徽墨的生产几乎一统天下。

徽墨墨条

第三章　淡雅内敛：文房四宝之墨

徽墨特指徽州地区出产的墨。从广义上来讲，李墨同样属于徽墨。徽墨其实继承的就是南唐李氏的制墨技术，是李氏制墨技术的延续，只是水平更高。

宋初李墨还是独霸天下，宫廷用墨均为李墨。宋初的几位皇帝都喜欢使用李墨，还常常把李墨赏赐给大臣。宋王朝征服南唐后，把南唐皇室拥有的大量李墨全部运到东京汴梁，这批李墨数量巨大。正是因为数量巨大，宋朝宫廷并不珍惜，随便使用李墨，甚至用来涂刷相国寺的大门，最终导致李墨存世日稀。宋宣和年间（1119—1125年），李墨已经难得一见，甚至到了"黄金易得，李墨难求"的程度。

徽墨

宋代的制墨业相当兴盛，具体表现有几个方面：首先，涌现出许多名家，从业人员众多；其次，制墨原料扩大，品种增多；最后，达官贵人、知名文人、制墨工匠联系紧密，有的文人和贵族甚至自己动手制墨。

宋代制墨名家辈出，代表人物有张遇、潘谷、吴滋、戴彦衡、高景修、张谷、沈珪、叶茂实等。1978年考古发现过宋墨。第一次是在安徽祁门的建筑工地中，在北宋的墓穴中发掘出了块状的残墨，长8.3厘米，宽2.7厘米，厚1厘米，重18.2克。墨为长方形，墨的上方有缺损，中间部分断开，下部有磨损的痕迹。墨的上面还有颜体楷书"文府"的铭刻。这块墨的历史超过800年，却还能保持如此完整的形态，相当奇异。这块墨是少见的徽墨实物之一，现藏于徽州博物馆，称"文府墨"。

胡开文徽墨

第三章 淡雅内敛：文房四宝之墨

油烟墨

　　第二次发现宋墨是在江苏武进村前蒋塘，这块墨发现于南宋的墓穴，墨已经残缺，残长5.5厘米，宽2.3厘米，厚0.6厘米。墨的正面铭刻着"实制"二字，根据研究，全部铭文应是"叶茂实制"。叶茂实是南宋的制砚名人，元代的陶宗仪在《辍耕录》里对他有过记录："叶茂实造墨非常得法，墨的品质纯黑，书写的时候不会凝滞。"仔细观察这块古墨，质地坚实细致，还能够看到表面的光亮，可知名不虚传。

　　宋代的名流喜欢墨、研究墨，因此留下了许多制墨的佳话。宋徽宗赵佶是少见的艺术家皇帝，精通书画，他创造的书法"瘦金体"更可以说是青史留名。宋徽宗不但了解墨，而且曾经动手制墨。明代的屠隆在《考槃余事》中记录道，宋徽宗使用烧苏合油的方法取烟制墨，50克的墨就值500克黄金，金章宗就出高价购买过这种墨。此种墨是油烟墨的一种，配料昂贵，制作方法独特，故而难以仿造，被称作"墨妖"。宋代的文豪苏东坡同样是制墨名家，金华的墨工潘衡接受过苏东坡的提点，故而制造的墨上常见"海南松烟""东坡法墨"的文字，这种墨的质地细密而且色泽温和，很受欢迎。其他人如秦少游、黄庭坚等，也都有制墨经历。

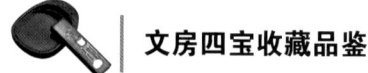
文房四宝收藏品鉴

松烟墨

　　元代的统治者是少数民族，蒙古统治者当时实行了民族压迫政策，很多制墨手工业者都变成了匠户，世世代代不得改变身份；部分匠人还被强行劫持到皇宫和官府中，专门为统治者制墨，身世悲惨，如同为奴。正是在这种环境下，元代制墨相比于宋代的水平几乎停滞不前，传统制墨地区徽州也只能勉强维持，无法继续发展。

第三章　淡雅内敛：文房四宝之墨

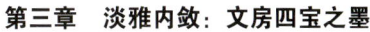

油烟墨

　　元代著名的墨工有豫章的（今江西南昌）朱万初、歙县的陶得和、清江的潘云谷、长沙的胡文忠、钱塘的林松泉、金溪的邱可行等。朱万初制作墨所烧的松树并不是普通松树，而是那些树龄达到二三百年的古松木，燃烧取烟然后混合鹿胶做成。使用这种工艺制作的墨，颜色幽深但不颓废，书写流利，字迹漂亮。朱万初甚至得到了朝廷的嘉奖，在艺文监当官，当时的学者虞集还赠诗称颂，被传为佳话。

　　综合来说，元代的墨并无技术的大创新，多沿袭前人，墨的质量尚可。元代之前松烟墨一直都占据着统治地位，而元代油烟墨出现了很大的发展，最终还超过了松烟墨的产量，进而成为主流，这对明、清两代有较大影响。

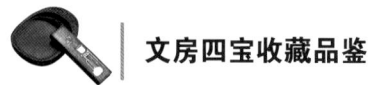

明、清两代的制墨主要集中在安徽的徽州地区。制墨使用的原料是松烟，还有油烟、漆烟。明清的墨工日益精进，出现了很多工艺水平极高的工匠。另外生产工艺也进步了许多，像制墨的工具墨模有了重大的改进，过去每生产一锭墨要用到很多个墨模，到了明清时期只需要单个墨模便可完成。经过这些发展，墨的工艺水平和质量出现了显著的提升。明中叶之后，徽州墨工创新了多种墨的样式，甚至将绘画、雕刻、装饰等艺术方式都用到了墨模和墨锭的加工上，使墨变成了艺术性的商品。

紫英油烟墨

第三章　淡雅内敛：文房四宝之墨

古法油烟墨

徽州有许多从事制墨的工匠，明末麻三衡在《墨志》中就记录了120家，徽州的墨工还区分为"歙""休"两大流派。制墨行业兴盛，而且竞争较多，各家争奇斗巧，精品墨非常多见，异彩纷呈，盛况空前。

墨的类型

依据墨的原材料可以将墨分为松烟墨、桐烟墨、漆烟墨等。

依据不同的制作工艺,则可以把墨区分成以下类型:

(1)本色墨:基本的装饰就是墨面的书画色彩,墨的本身并不修饰。外表光亮如同玉石的是上品,表面有细纹皱纹宛如发丝纹理的则更好。

松烟墨

第三章 淡雅内敛：文房四宝之墨

龙飞凤舞松烟墨

（2）再和墨：是一种翻新的旧墨。这种墨的墨面通常不够清晰，无光泽，这是因为模具的问题。清乾隆御墨之中可以发现再和墨，那些款识为乾隆丁巳或辛卯年款的墨通常是再和墨。

（3）漆皮墨：先对墨的表面进行刮磨、打光，之后涂上漆做成的墨，漆皮墨仅靠漆衣就可鉴别。如果漆皮墨的年代久远，则漆皮浑厚，呈蛇皮断纹，可是并无裂纹。明万历年间非常盛行漆皮墨，清康熙时少见，乾隆时更少。

（4）漆边墨：在墨块的边缘涂漆。有两种形制，第一种形制是正背面干净、四边涂漆，这是明代制墨的主流；第二种形制是正背面上漆，而四边不涂，这是清代制墨的主流。

依据不同的制墨对象，还可以进行划分：

（1）普通墨：普通人书写使用的墨，外形简练，墨品的名字和墨家字号都使用金蓝色的字来写。

（2）贡墨：通常都是各地的官吏请著名墨工制作进贡给皇帝或者是按照制度征贡的墨，上面都有进贡者的姓名，部分墨上还有墨家的名款。贡墨通常是珍品之作。

（3）御墨：这是皇帝专用的墨。唐代就设置了墨务官，负责制造御墨。清代御用墨主要包括两种：内务府所做和徽州墨工制作，前者外流很少，不过价值一般。

（4）自制墨：按照制造者的想法制成的墨。明清的自制墨有"文人自怡"型和"精鉴好事"型两种，这两种墨都是上品。

（5）珍玩墨：这种墨并不实际使用，而是用来赏玩。形状通常是小巧的，尺寸在一寸左右，烟料、做工都很出众，艺术性相当高，是墨中珍品。

（6）礼品墨：这种墨通常都是作为礼物馈赠的。分别有寿礼墨、婚礼墨和赠送学生墨三种。礼品墨的外观比较出众，通常装潢精美，但烟料稍差。

五彩墨

第三章　淡雅内敛：文房四宝之墨

 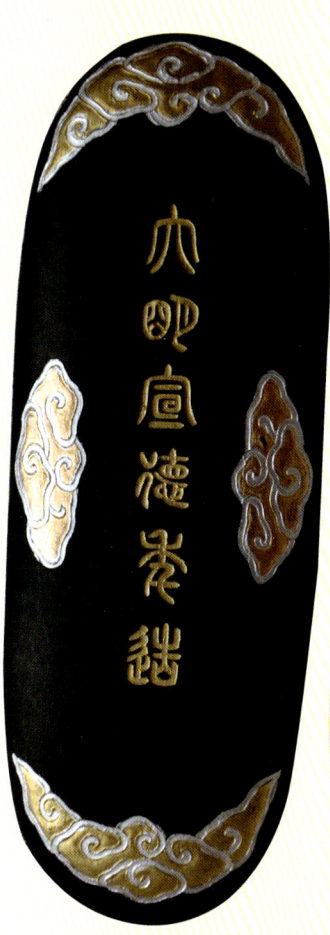

国宝观赏墨

墨的鉴赏

墨的挑选

墨需要符合哪些条件才可以被看成好墨呢？综合说来，墨的品质可以概括为"质细、胶轻、色黑、声清"。

第一是质细。"质细"的意思就是墨的质地非常紧密，其中没有杂质。使用这种墨研磨，不会损伤砚台的砚堂，所以不必担心好砚被损伤。制墨主要使用的原料是松烟和油烟墨，烟尘越细，墨的质地也会越细腻。

方于鲁制油烟墨

第三章 淡雅内敛：文房四宝之墨

第二是胶轻。"胶轻"的意思是制墨使用的胶不仅要用上好的胶料，还需要遵循比例的要求，太轻或者太重都是不行的。如果胶太重，则可能书写不流畅；如果胶太轻，则可能缺少光泽。怎样判断胶是不是轻呢？需要看三个方面：分量要轻；墨的色彩必须清晰而不混浊；敲击的时候能听到清晰而非沉实的声音。

第三是色黑。"色黑"的内容包括色和光两个方面，只有乌黑的墨色，但是没有柔和的墨光，便不算是好墨。测试墨光的办法是磨墨"一缕如线"，之后看反光的情况，最好的是紫光，其次是黑光，再次是青光，最后是白光，暗淡无光则是最差的。墨必须有反光的情况，如果看不到反光，那再黑的墨品质也不行。

千秋光油烟墨

曹素功油烟墨

第四是声清。"声清"的意思是墨块经过敲击，可以听到清亮的声音，通常这种墨都是质地细密而又含胶比较轻的墨。如果听到混浊的声音，则墨中不仅带有杂质，还可能胶性黏腻，是不能用的劣质品。

千秋光油烟墨

第三章 淡雅内敛：文房四宝之墨

一生知己油烟墨

  曾有人认为好墨当中要加入麝香等贵重的香料，嗅有怡人的清香，实际上墨的质量好坏和是否加入麝香并无关系。何莲曾经在《记墨》中记载道："凡墨入龙麝。皆夺（冲淡）烟香，而引蒸湿，反为墨病，俗子不知也。"这种说法可能并不绝对正确，但是确有一定的道理。

095

古墨的鉴别

古墨鉴别的方法包括观工艺、辨新旧、查墨谱、考墨名等。

工艺需要考虑的细节是墨模、漆衣、漆边、漱金、装潢等,看这些技术水平的高低,则能判断出墨品质量如何。明代的墨模雕刻得相当精细,刀法简洁,书法线条劲健挺拔;清代墨模雕刻的风格相对细致,雕刻的线条流畅多变。漆衣的创造者是鲁首,盛行于明万历至清乾隆年间。漆衣通常会因为时间长久而出现断裂的情况,并呈蛇皮断纹,这种情况很类似古琴、古瓷的开片情况。墨的光彩会和断纹一同变化,清乾隆之后制作的漆衣,通常是光亮华丽的。断纹并非裂纹,常可以在漆皮中发现,有纹不裂。漆边明清墨都不一样,明代作品的漆边通常位于侧面,正面和背面都是本色;清代则主要是在正面和背面上漆,两侧光洁。明晚期开始盛行漱金带漆边的装饰技巧。明万历前期还多出现施彩的情况,万历后漆衣的制造逐渐减少。

明清制墨的名家更加注重墨的外观装饰,漆盒盛装是主要措施。不同的产地、墨派、墨品,都要使用不同的漆盒。如清康熙时期的休宁派集锦墨盒主要为长方形,而曹素功等歙县派则用方形。清乾隆和嘉庆时期后的漆盒中多用棉花进行内衬。质量出众的墨盒都有装饰精美的特点。

光绪徽墨

第三章 淡雅内敛：文房四宝之墨

新墨

　　新墨和旧墨区别明显。新墨通常在制作的时候由于加入的胶质不够分散，写出的墨色浓淡不一，常发现滞笔、阴湿的情况；旧墨的制作工艺出众，而且留存时间较长，墨的色彩温和而沉静，胶质自然匀实，不会出现滞笔的情况。新墨的色彩不纯，经常泛着灰色，和旧墨相比，颜色不够温和；旧墨色泽黝黑，色感厚实。嗅新墨的气味，有浮躁之感；旧墨的香气是清淡悠远的。具体到墨的色调，因为旧墨经历了存放和把玩磨损，表面的色调是古朴的，"古色古香"并不是新墨能够具备的品质。

　　现在古墨的收藏主要是明墨和清墨，之前的古墨信息则需要到墨谱当中寻觅。墨谱是对不同时期的墨进行记录的文献。有些墨谱不仅记录古墨的详细名字和特点，还介绍具体的制作技术。收藏者通常都是依据墨谱的记载来鉴定墨锭的收藏价值的。

 文房四宝收藏品鉴

墨名主要是用来区分墨的品种和质量的，故而要了解墨的命名方法。表示材料的代表名字是"上品清烟""延川石液""五百斤油""鹿角胶""乌玉块""乌丸""元霜"等；使用图案进行命名的包括"龙凤呈祥""立鹤步云""黄山图""棉花图""西湖图"等；使用历史渊源进行命名的有"古隃糜""易水光""东坡墨法""轻胶十万杵"等；使用典故命名的有"小道士""元香太守""客卿""神品""东斋注易""松滋侯""元中子"等；使用藏家或纪念事件命名的有"××氏家藏""黄海归来"等。

五百斤油烟墨

第三章　淡雅内敛：文房四宝之墨

墨的收藏与保存

墨的收藏

鉴定墨的品质，进行墨的辨伪，要熟悉古墨的知识。

老徽墨

 **文房四宝收藏品鉴**

（1）实物观察：收藏者需要多观察实物，收藏古墨和收藏别的古玩类似，见多识广是最好的方法，要熟悉不同时期古墨的不同特点。

古墨

歙墨

第三章 淡雅内敛：文房四宝之墨

兰烟墨条

（2）名家墨品：墨品的质量体现了墨品制作的名家水平，墨品能够直观体现出墨家的技艺、风格、流派和特点。特别是明清之后，墨品更是鉴定名墨的主要依据。

明清之后的墨上，尤其是集锦套墨上，通常可以看到墨品而看不到墨家的款识。因此，只有熟知墨家的墨品，并且按照墨的质地特点，才可以判别墨出自哪位名家之手。

墨品还能够直接反映时代特点。许多著名的墨品都是具体时代的产物，可以按照墨品判断出墨具体的出产时期。通常来说"耕织图"的墨品是清康熙年间的绘图制墨，"棉花图"则是清乾隆年间的绘图制墨。

墨品还可以直观反映出墨家的制作风格特点。如休宁派墨家的墨品主题是山水和风景，歙派墨家主要使用神话故事作为墨品。

墨品还直观体现出了墨的级别。如明代墨家方于鲁制作的上品墨，使用的墨品是"九玄三极"，中等的为"非烟"，下品的墨则是"太紫重玄"。

101

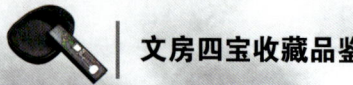
文房四宝收藏品鉴

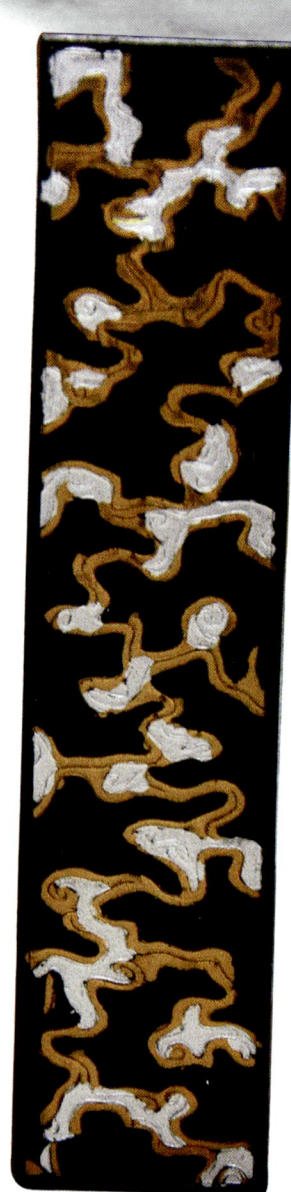

曹素功制紫玉光油烟墨

第三章 淡雅内敛：文房四宝之墨

（3）观察质理与装饰：优质的古墨常见的描述是"丰肌腻理，光泽如漆""其坚如玉，其纹如犀""十年如石，一点如漆""坚而有光，黝而能润，捺笔不胶，入纸不晕""烟细胶新，杵熟蒸匀，色不染手，光可射人""金章玉质，尽艺入微"等。概括地说，古墨的质地要求是细腻温和，要看到类似于漆的色泽；硬度和玉类似，纹理像犀牛角一样；长期保存，质地不变，仍旧坚硬如石，使用的时候还是和漆一样；坚硬而有光泽，温和细润，不会出现粘笔的情况，落在纸上不会洇纸；墨的制作材料是细烟和新胶，加工的时候要用杵进行多次加工，另外还需要进行均匀熏蒸，墨并不会让手染色，表面的光泽可以照人；墨的外观有金玉的特征，工艺细腻绝伦。各个时代、不同的名家作品都有不同的质地特色，区别相当明显。

鉴别墨的质理，主要考虑4个方面的内容：本色、漆衣、漱金、漆边。

本色主要指的是墨的本来面目，要把墨的本来面目和涂金、绘图加工的装饰进行区分。鉴别本色墨的质理优劣，考虑的内容主要是基础的加工工艺，如胶质的添加是否适度，选料是否上乘，加工的过程是否到位。优质的墨，特别是名墨，最先要考虑的便是墨的质地是否坚硬。墨质松软，肯定不耐用而且多质地粗糙。近现代有很多伪造的古墨，和名墨的制作工艺相去甚远，质地低劣的伪造品比比皆是。

优质古墨

 **文房四宝收藏品鉴**

漆衣

漆衣是在墨的表面进行加工并上漆的工艺。明代方于鲁在著作《墨谱》中描述的内容是"磋以锉,摩以木贼,继以蜡帇,润以漆,袭以香药,其润欲滴,其光可鉴。自刮摩兴,而画绩废,而善墨者竟为刮摩矣"。综合来说便是:先把制好的成墨使用锉子加工,然后再使用名为木贼的木块轻轻磨,随后使用蜡块摩擦,最后在墨的表面涂抹薄漆,涂上一些香料,最终墨的表面就变得柔润而且光亮了。自从这种刮磨法兴起以后,往墨上画彩的工艺就基本绝迹了,好墨多使用刮磨法。这种工艺大量出现于明万历年间,清乾隆年间再次成为风行的制造工艺。具体说到漆衣的鉴定,漆皮多以"莹润如玉,质坚如石"为特色,质量不达标的多是伪劣品。

第三章　淡雅内敛：文房四宝之墨

漱金墨块

　　所谓漱金，还被称为"雪金""漆金"，但三种名称是有区别的，雪金说的是墨的所有面上洒上大小金片，有一种雪的感觉；漆金则称为泥金，这种方式是在墨的表面涂金，随后涂漆；漱金的装饰通常都是带漆边的，这种漆经过时间影响，多会因为潮湿或烟熏的原因发生颜色变淡的改变。如果鉴定这种墨，则要关注漱金的发展特征。

　　漆边的意思是在墨的边缘涂漆。通常在左右侧涂漆，或者在本色墨两边涂漆。明代的制墨工艺特色是上下左右侧涂漆；清代，通常来说名家的漆边均有特别的风格，比较容易识别。

 文房四宝收藏品鉴

（4）重量与声音：判断墨的质量，主要从重量与声音方面进行判断。一般的好墨，因为原料出众而且制作工艺精良，显得比实际重量还要重些，叩击之后能听到清脆的声响。因为胶质退化的原因，墨的制造年代越久远，质量会越轻。松烟墨通常比油烟墨质量更轻。

清代古墨

第三章　淡雅内敛：文房四宝之墨

（5）辨别伪品和仿品：

中国伪造和仿制名墨的风潮开始于清初。随着当时的社会经济发展，著名的墨价格能超过普通墨几十倍、上百倍，因此，不法商人为了攫取利益而专门制造名墨伪品。仿品不同于伪品，主要是为了向之前的佳品致敬，尤其是明代的仿品。制造仿品的目的并非是欺骗别人，最初的目的通常是宣扬自己，展示自己高超的造墨技艺。

文人墨

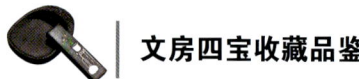 **文房四宝收藏品鉴**

伪品的质地通常很粗糙，原料甚至都不用烟尘，敲击声音低沉，质地发白，墨上的图案更是粗糙不清，研磨的墨汁基本不能用。主要伪造的是明代墨家方于鲁与程君房的名款，后来还有伪造曹素功的。伪品多用一种不属于墨，而是炭晶石样式的石块，先研磨成墨的样子，然后雕刻上名款、印章、墨名、年款以及一些图案。

仿制品通常雕刻年款（真品年款）和墨家名款，并不会雕刻仿制者的名款，另外还有标明仿明代某墨家的款识。通常仿制品使用的原料和工艺都是非常出色的。后来市场上有把这种墨冒充真品销售的，有的甚至挖去清代墨家的仿制名款及年款，使用蜡进行打磨，然后在打蜡的地方雕刻明代名章或年款以欺世。

金龟墨

第三章　淡雅内敛：文房四宝之墨

　　墨的制造还有一些特点，如墨模通常都是多次甚至跨年代使用的，部分名家制作的墨并不加年款、名款，模具传了好几代，墨因此不能准确鉴定年代，此点应引起收藏者的注意。

曹素功藏墨

 **文房四宝收藏品鉴**

墨的保存

现代的人保存古墨，首先要考虑的就是温度和湿度。古墨通常不能放在过于干燥和潮湿的区域，最适合存放的环境温度在 15～18℃。温度和湿度变化过大都会影响墨的品质，故存放古墨时要特别注意室内的干湿度和温度。

紫玉光墨

徽墨大好山水

现在想要收藏古墨，还要考虑到污染。想要让古墨避免和外来的有害物质接触，比如灰尘，就需要制造封闭的环境，真空处理是可以实现的。

古墨保存要注意避光。生活中的自然光通常都有许多紫外线和红外线，这些光线可能会影响古墨，故古墨不宜裸露在阳光下。

通常保存古墨最好的办法是使用匣子或盒子装好，之后使用塑料袋封住，然后通过真空封闭，放置到湿度适宜、避光的箱柜中，平时避免随意拿取。

洁白似雪：
文房四宝之纸

第四章

纸的起源与发展

根据考古研究，现在发现的最早的纸是不晚于西汉武帝时期出现的灞桥纸。对灞桥纸进行分析之后发现，这种纸张的原料主要是大麻和苎麻纤维。

中国东汉时期出现了一本著名的文字学著作，即许慎的《说文解字》。在对纸进行解释的时候说到了"絮"，这里指的是旧丝绵或丝绵的乱絮，另外对这种纸的制作工艺还进行了简洁的说明：先把丝絮浸泡到水中的箦席里，然后进行千百次的捶打，直到丝絮破裂，然后把箦席从水中取出晾干，这样便可以得到一张丝絮纸。虽然这种丝质的纸有记载，可是一直没有发现实物。

在甲骨文、西周金文和战国时期的文字中，都没有发现"纸"这个字，结合上面所说的丝絮纸，可以推测，战国末期到秦代可能是纸的产生时期，《说文解字》虽然是东汉时期的著作，可是收录的字是秦统一后推行的小篆。

我们可以推测，大量制作丝絮纸，获取原料的难度不小，何况纸的纤维都是依赖残破的丝之间的胶质进行黏合的，因此不但产量不会很高，纸本身的牢固程度也有问题。再者，这种制作工艺简单的纸能否用来书写，并不确定。虽然如此，这种纸还是植物纸的雏形，先秦时期丝絮纸的发明给后世改良造纸原料和造纸工艺提供了一种思路。

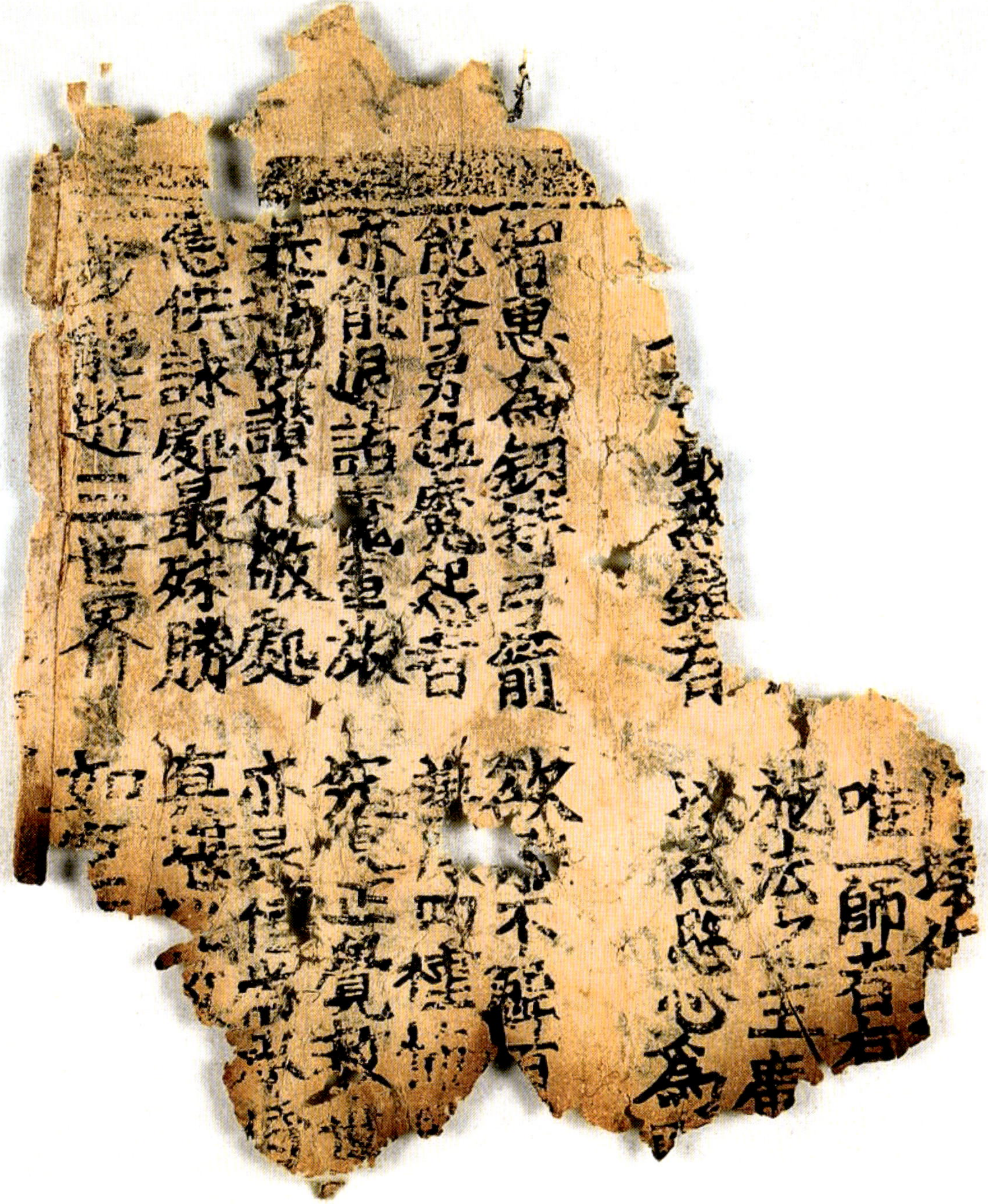

第四章 洁白似雪：文房四宝之纸

麻纸碎片

 文房四宝收藏品鉴

绿色古纸

　　西汉时期，造纸术便有了很大的进步。1957年8月8日西安东郊灞桥古墓中便发现了世界上最早的植物纤维纸——灞桥纸。西汉时期出土的纸除灞桥纸之外，还有罗布淖尔纸、居延金关纸和扶风中颜纸等。

　　早期出现的纤维纸，制作工艺相对原始，主要是用来垫物或包裹物品的，不一定用作书写。这些纸是能够用于书写的赫蹄纸和正式用于书写的东汉蔡侯纸的雏形，故而可以说是后来成熟纸的雏形。

第四章 洁白似雪：文房四宝之纸

老宣纸

现代纸

 **文房四宝收藏品鉴**

　　《东观汉记》和《后汉书·蔡伦传》中都指出纸的发明者是东汉的蔡伦。蔡伦是东汉宫廷的内侍,在东汉和帝在位期间,蔡伦因为喜好读书,平时喜欢思考,想到"自古书契,多编以竹简,其用缣者谓之纸",可是"缣贵而简(竹简)重,并不便于人",因此想要改良造纸术,转而利用树皮、麻头、破布、渔网来造纸。这种造纸的工艺是将树皮、麻头、破布、渔网浸泡在水里,粉碎后,加进草木灰蒸煮,之后使用清水去除杂质,然后将料放置到石臼中捣烂,做成浆液,接着把浆液都倒到槽里,利用抄纸器进行定型,放到平面筛子上脱水,晾干压平。在经过这些工艺之后,便可以制作出细密而且能够用来书写的纸。汉和帝元兴元年(公元105年),蔡伦还将造纸的工艺上奏给朝廷,获得了皇帝的嘉奖。从此,他所造的这种纸张便风行天下,人们称之为"蔡侯纸"。

汪六吉六尺宣纸

第四章 洁白似雪：文房四宝之纸

澄心堂宣纸

蔡侯纸制作的工艺相对简单，主要包括原料处理、制浆、打浆、抄纸、烘干等主要工序。这些工序简单易行，故蔡伦造纸术迅速传播到了全国，而且传出国外，由阿拉伯传到欧洲等地。

从东汉蔡伦改良纸开始，中国的纸得到了普及。三国魏晋南北朝时期，中国的造纸技术又有了大的进步。这个时期的代表人物是造纸名家——左伯。

左伯不但精于造纸，而且书法也相当独到。根据推测，东汉的纸材料主要是麻，因此左伯所造的纸可能就是当时盛行的麻纸。

东汉末年的造纸原料还增加了树皮、藤、草等，故而这个时期还出现了皮纸、藤纸和草纸。

 文房四宝收藏品鉴

皮纸使用的材质是楮树皮、桑树皮、青檀树皮、木芙蓉皮等。使用楮树皮制作的纸名为谷皮纸，桑树皮制作的纸则是桑皮纸。皮纸的特点是坚韧，因此受到了普通民众的喜爱。北宋初年，许多书法家都使用树皮造纸。北宋的著名大家，如苏轼、黄庭坚、米芾等，作品多使用皮纸。

藤纸的原料是青藤皮。晋代最著名的藤纸出产于浙江嵊县南面曹娥江上游的剡溪，这条溪水中因为密布着野生藤蔓，故而成了造纸的重要材料出产地。晋代张华《博物志》中便提到过这个情况："剡溪古藤甚多，可造纸，故即名纸为'剡藤'。"剡藤的植物纤维很均匀，而且韧性不错，制作出来的藤纸同样具备这类属性。

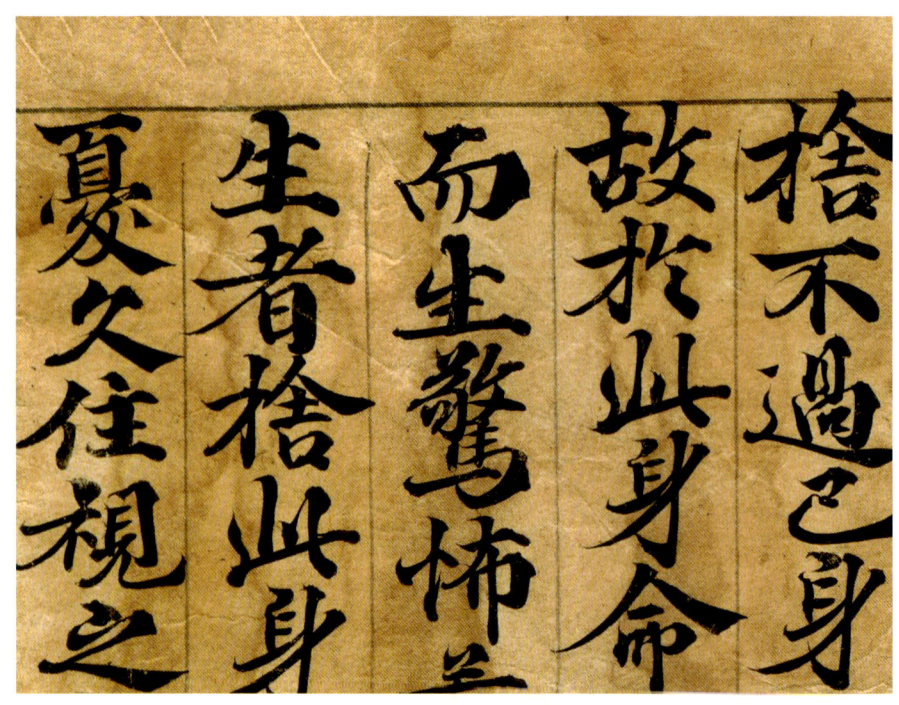

藤纸经文

第四章 洁白似雪：文房四宝之纸

竹纸书法

　　草纸还被称为"土纸"，不过这个说法有争议。草纸使用的原料主要是麦茎、草秆或芦苇、荻、龙须草、芨芨草等，因为用料简单，故而制作的纸并不适合书写，常用于日常生活中，如手纸、包装纸等。

　　竹纸的材料就是竹。宋代的赵希鹄在著作《洞天清禄集》中提到过东晋的大书法家王羲之、王献之父子的墨宝多是使用"会稽竖纹竹纸"创作的，另外还提到竹纸的南北之分。不过研究发现，竹纸是唐以后才有的，晋代生产竹纸其实完全是没有根据的说法。现在"二王"的传世真迹已基本寻觅不到，难以佐证他们确实使用过竹纸，有待今后的考古发现做出权威性的论证。

文房四宝收藏品鉴

晋朝时期出现了大量的树皮纸，这是在蔡伦造纸术之后的巨大技术进步。蔡伦的造纸原料中基本看不到太多树皮，主要的材料还是麻头、破布、渔网，这些原料简单加工便可以制成纸浆。树皮纸使用的主要是树的内表皮，不但有纤维素，而且还有木质素和果胶的杂质，原料处理过程中都需要进行碱液蒸煮，清理了杂质后分离出纤维素，最终加工做成纸浆。这些创造都奠定了魏晋南北朝在中国造纸中上的重要地位。

魏晋南北朝时期，纸的生产扩大，普通民众都用到了纸。伴随着造纸技术的提高，造纸区域也逐渐拓展到了越、蜀、韶、扬、皖、赣等地区。造纸原料多样化，不同名目的纸也都大量出现了，如竹帘纸，这种纸薄而且均匀细腻，纸上面可以看到清晰的纹路。

晋朝时期出现了染纸，这种染纸技术能够延长纸的保存时间，即从黄檗中熬取汁液，然后用这种汁液来染纸张。进行染色的纸称为染黄纸，这种纸的颜色是黄色的，故而又名黄麻纸。黄纸可以杀虫防蛀。

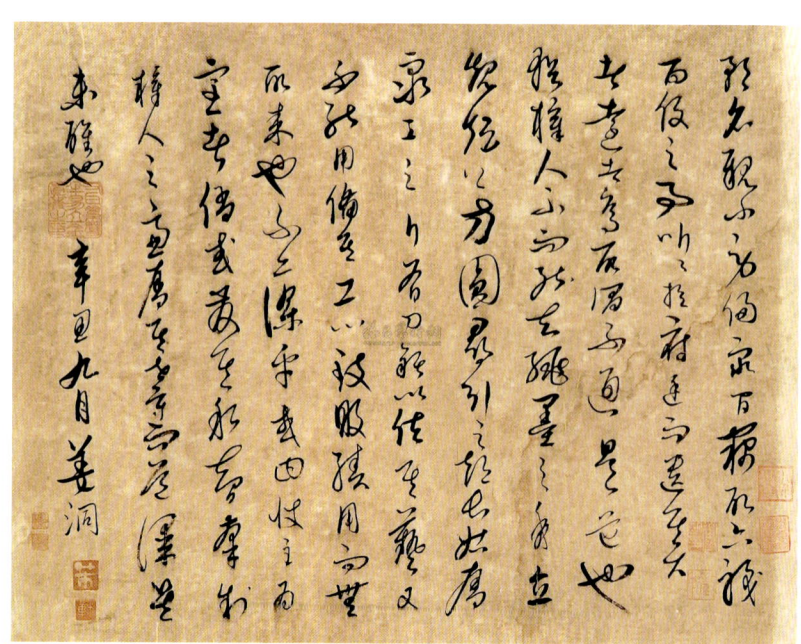

黄麻纸书法

第四章 洁白似雪：文房四宝之纸

到了8世纪，中国的纸张利用已经相当广泛，当造纸术由阿拉伯人传到欧洲后，欧洲人才学会造纸。现在的纸主要利用木浆做成，不过许多高级印刷纸、卷烟纸、宣纸和打字蜡纸还是需要用到破布、树皮、麻头、废渔网等材料。

隋唐时期，最早的宣纸出现了。唐代印刷术出现，直接刺激了纸的生产。唐代的纸继承了染黄纸的特点，还在纸上涂蜡，这样加工后纸会光泽莹润，相当美丽，名为硬黄纸。还有一种硬白纸，把蜡涂到纸的正背面，然后利用卵石或圆形的石块进行摩擦，这样能够保证纸张油亮、润滑、密实，纤维均匀细致。硬白纸比硬黄纸要厚一些。

五代时期，制纸业的发展相当迅速，歙州地区出产的澄心堂纸，一直到北宋都被认为是质地非常出众的纸。这种纸有"滑如春水，细密如蚕茧，坚韧胜蜀笺，明快比剡楮"的特点。纸的长度可以达到五十尺为一幅，纸的厚薄相当均匀。宋代的优秀纸张均是江南出产，因此也名为江东纸。南宋时期还出现了纸的循环利用，以废纸为原料再造新纸，这种纸称为还魂纸或熟还魂纸。

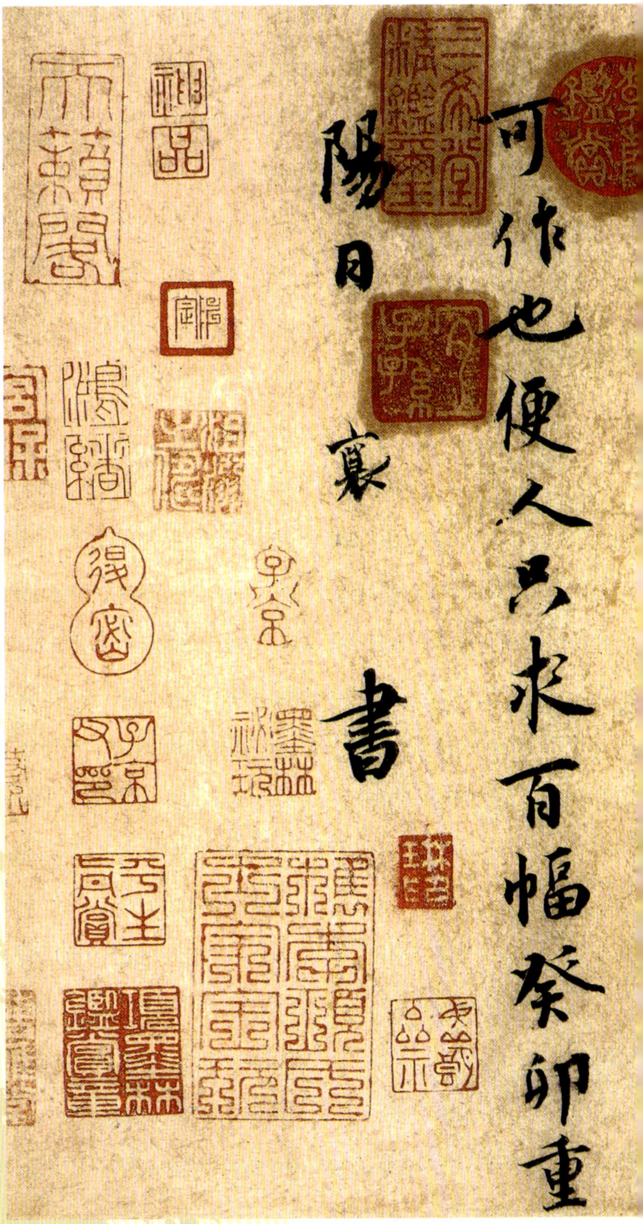

澄心堂纸书法

文房四宝收藏品鉴

元代的造纸业整体呈现出衰落的特点，兴盛的仅有江南地区。

明清时期造纸业再次复兴。明清时期的笺纸数量众多，纸的质地主要是白纸地和素雅的色纸地，纸的主要色泽还是静穆。代表有清康熙、乾隆时期的粉蜡纸；印花图制作的色花纸等。清代的纸在质量上已经相当出众了。

明代纸的主要类型是宣纸、竹纸、宣德纸、松江潭笺。

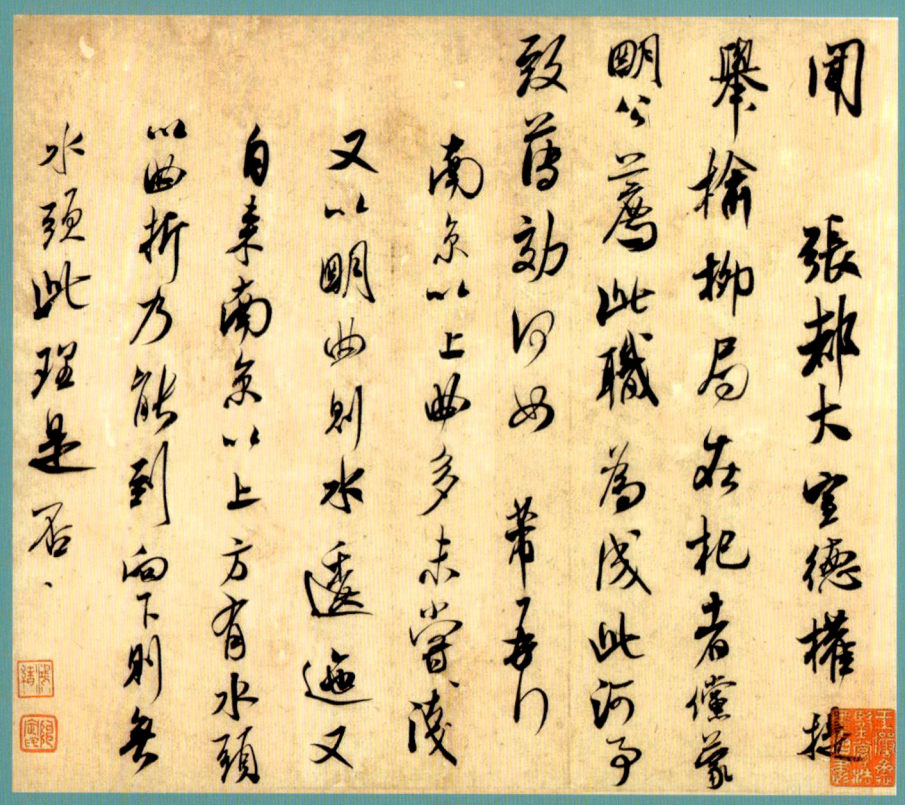

宣德纸书法

第四章　洁白似雪：文房四宝之纸

清代宣纸在工艺上有了很大的改进，成了家喻户晓的名纸。清代的宣纸制作的材料通常都是本地取材，使用各种原料，造出的纸有许多种类，具体到纸的加工工艺则有施胶、加矾、染色、涂蜡、砑光、洒金、印花等，不同工艺的水准均有提高。清代制作的笺纸在品质上可以说是无与伦比。

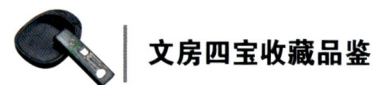

文房四宝收藏品鉴

纸中名品

中国有非常悠久的纸文化,历史上出现了许多名纸。最早的纸有絮纸、灞桥纸、居延纸、罗布淖尔纸、旱滩坡纸、蔡侯纸等,通常只在现代考古的实物中出现。因为历史很久远而且产量不大,故而没有传世品种。下面主要说唐宋后的纸。

宣纸

宣纸的产地是宣州,唐之前便已出现,最早的原料为檀木树皮。宋元之后宣纸使用楮、桑、竹、麻等十多种原料制作。

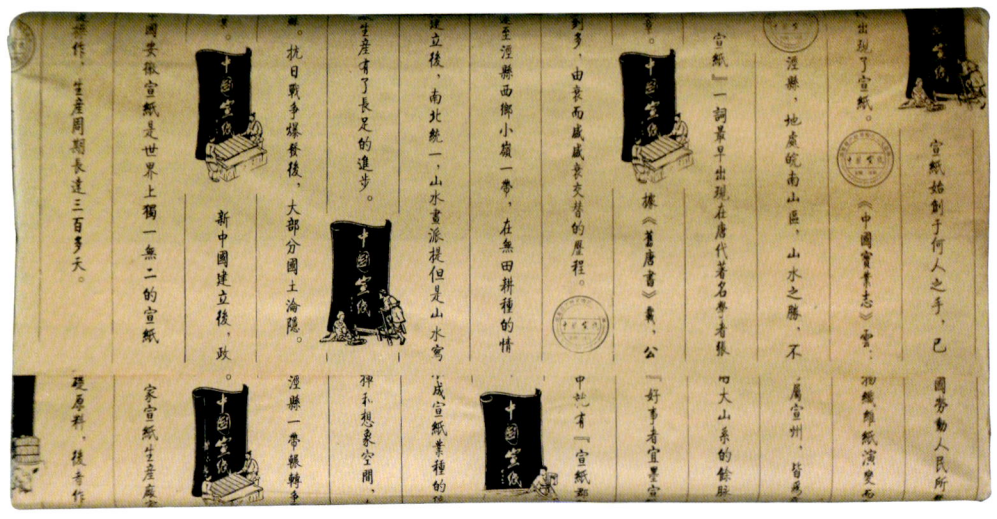

宣德堂宣纸

第四章　洁白似雪：文房四宝之纸

宣纸册页

　　宣纸具有绵柔且坚韧的质地，而且有美丽的纹理，非常洁白，揉搓后不会出现痕迹，利于书写和绘画。墨韵层次清晰，有很出色的渗透、润墨和吸附的能力，落墨着色的时候可以看出明显的虚实风格。宣纸上撰写的字富有神韵，宣纸上的画作同样美丽动人。在保存方面，宣纸还有耐老化、防虫蛀、耐热和耐紫外线的特点，适合长期保存，因此有"千年美纸""纸中之王"的说法。

文房四宝收藏品鉴

金宣堂宣纸

紫光宣纸

宣纸的种类按照加工工艺的区别可分为生宣、熟宣和半生不熟宣。

生宣纸别名生纸,这种纸加工后便可使用,吸墨能力出色,而且利于润墨,用于泼墨画、写意画,画面的层次感清楚,干湿浓淡变化多端。

生宣纸使用矾水进行浸泡便做成了熟宣(别名矾宣),熟宣通常不容易出现洇染的情况,更适合画工笔画或者撰写书法,但时间一长会脱矾脆裂。

第四章　洁白似雪：文房四宝之纸

扇面纸

　　半生不熟宣还被称为半熟宣，这种纸是生宣使用植物汁液浸泡做成的，有一定的抗水力。使用半生不熟宣写字的时候，墨色洇散得不快，故而更适合用来撰写小幅屏条、册页或带字的绘画。

　　厚度最小的宣纸是特制的，这种宣纸多用于拓片、拷贝、印刷古籍、装帧印谱等。宣纸品名包括棉连、扎花、罗纹、龟背纹、蝉翼等。

宣纸手卷纸

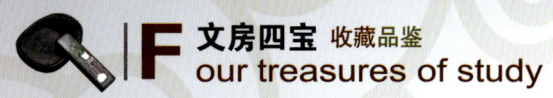

竹纸

中国的纸品种能够和宣纸相提并论的便是唐宋后出现的竹纸。

五代时期，富阳便出现了嫩竹制作的纸，名为"竹纸"。宋代，这种当地的土纸因为制作精良，品质精粹，洁白而且莹润，获得了"纸中上品"的赞誉，当时的朝廷书写奏章和科举试卷都使用竹纸，竹纸和井亭纸、赤亭纸（元书纸的前称）合称为"三大名纸"。

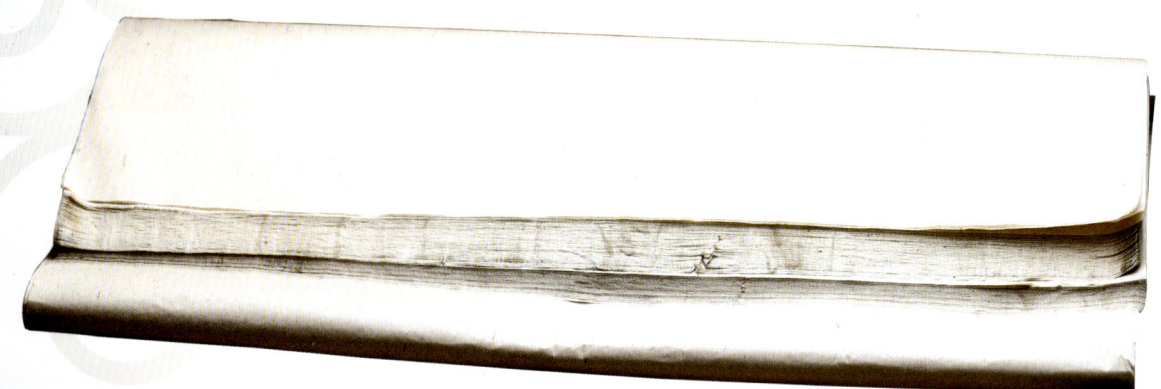

毛边纸

毛边纸

第四章　洁白似雪：文房四宝之纸

如果从造纸的工艺来看，皮纸的制造工艺发展到竹纸是一种很明显的进步。竹纸最早出现于晋代，在唐末开花，宋代大结硕果。葛洪在《抱朴子》当中还有"逍遥竹素，寄情元毫"的说法，"竹素"指的就是竹纸。竹纸的迅速发展是在北宋往后，现在的竹纸标本主要是宋代的。宋元时期的竹纸不单用来书写和绘画，而且还用来印刷。当时流传的刻本多以竹纸印刷。清代笺纸发达，笺纸就有使用竹纸制作的事例。

因为中国南方出产竹子比较多，因此竹纸的主要产地是南方，最主要的产地是四川夹江与浙江富阳。另外湖南隆回、江西铅山、福建连城与长汀地区也都有竹纸出产。

手工毛边纸

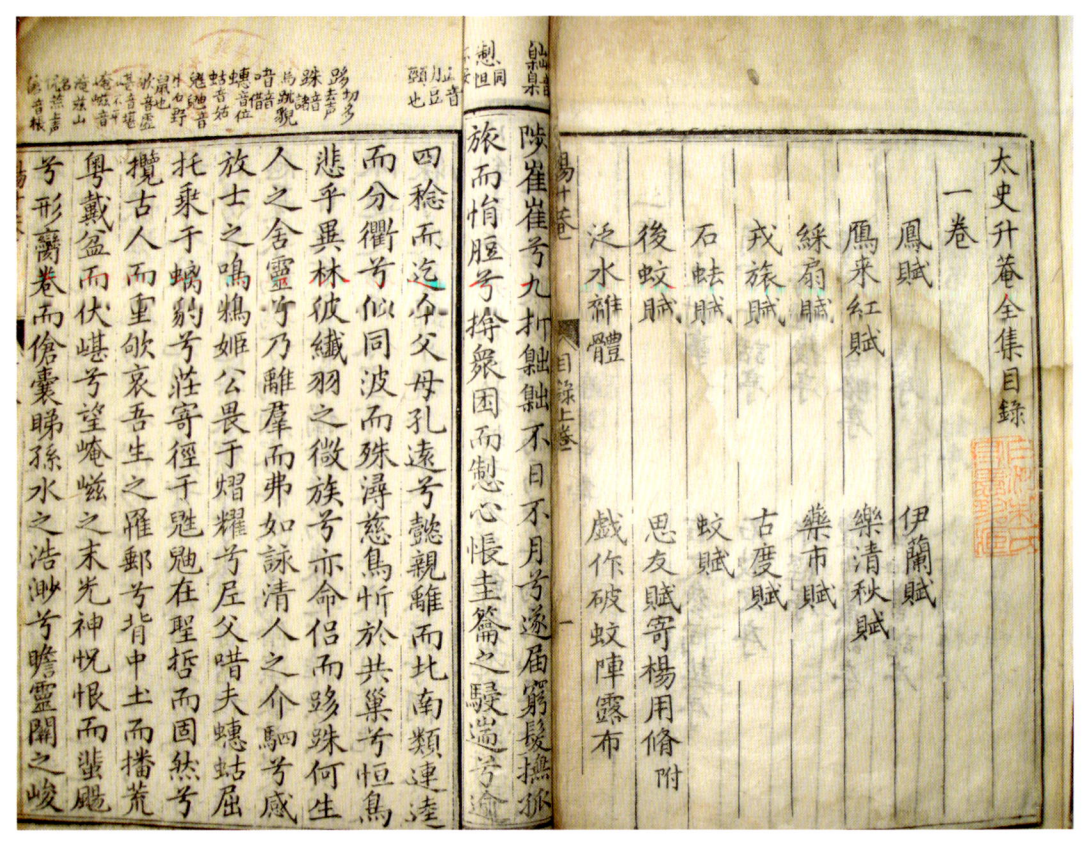

毛边纸古籍

夹江地区非常适合竹类生长,自唐代以来,夹江便有"蜀纸之乡"的说法,这个地方出产的竹纸具备质量佳、品种多、技术精、规模大、历史久的特点,因此扬名全国。清康熙年间,夹江的手工纸成了朝廷的贡纸。夹江竹纸的制作工艺还是传统的,它以手工舀纸术制作,用料讲究,工艺相当繁杂。明宋应星《天工开物》中记录了竹纸的具体加工工艺,加工环节达到15个,工序72道,历史记载的生产工序和现在的工序完全相同。特别是"操纸"一环,工人每个细小的动作都可能直接影响到最后纸的质量。技术精湛的工匠可以连续加工数百张纸,而且这些纸的厚薄、纤维排列的状况、浸润速度、抗拉能力都可以保证相同。

第四章 洁白似雪：文房四宝之纸

浙江富阳（古称富春）是竹纸的著名产地，有"土纸之乡"的美誉。富春江南岸山区和青云、龙羊、新登等地区是竹纸主要出产地。富阳的造纸工艺最早开始于南宋，流传至今已经超过千年。北宋苏易简在《文房四谱·纸谱》当中有一些相关描述："今江浙间有以嫩竹为纸，如作密书，无人敢拆发之……"文中的"浙间"指的是浙江地区。北宋著名书法家米芾说过他50岁时使用浙江的竹纸书写作品，另外在《越州竹纸诗》当中也有描述："称筠（竹）万杵如金版，安用杭油与池茧。"当时的浙江竹纸品质甚至超越了杭州油拳（或作由拳）纸和池州皮纸。嘉泰《会稽志》中则记录了竹纸的材料有苦竹、毛竹、淡竹等，另外还写了夸奖竹纸的语句："他方效之，莫能仿佛，遂淹藤纸矣。"藤纸是浙江的另一种名纸，嘉泰认为竹纸品质比藤纸还要好。

书法练习专用纸

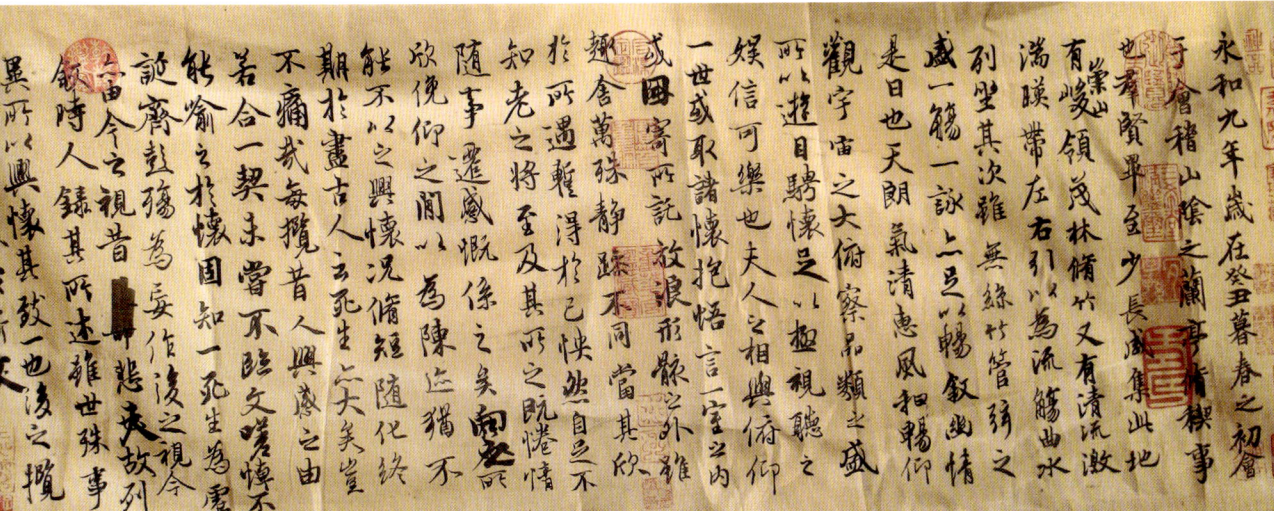

文房四宝收藏品鉴

富春竹纸的制作工艺来自传统的制造技术，并在此基础上加以改进，创造出了非常具有特色的制作技艺，比如"荡帘打浪法"抄制等。这些技术都是富春竹纸的独特生产技艺，为其他竹纸产区所无。富春竹纸制作的独特技术是富阳的工艺师傅在长期造纸实践中摸索出来的，这种工艺继承和发扬了中国伟大的造纸术。

夹江竹纸的原料是嫩竹，作为优秀的手工纸，这种纸有雪白莹润、浸润保墨、纤维细腻、整齐富有韧性等特点。当时的人赞美夹江竹纸"淡画不灰，淡泼浓，浓泼淡，诗有烟霞气，书兼龙虎姿"。它与安徽宣纸的名声相类似，国画大师张大千更是将两种名纸赞为"国之二宝"。

富春竹纸的质地柔韧、保存日久而墨色不褪，极少出现虫蛀的情况，因此蜚声海内外。富春竹纸名品竞出，著名的纸种如昌山纸、京放纸、元书纸、乌金纸、刷黄纸等都曾经在国内外屡次获奖。

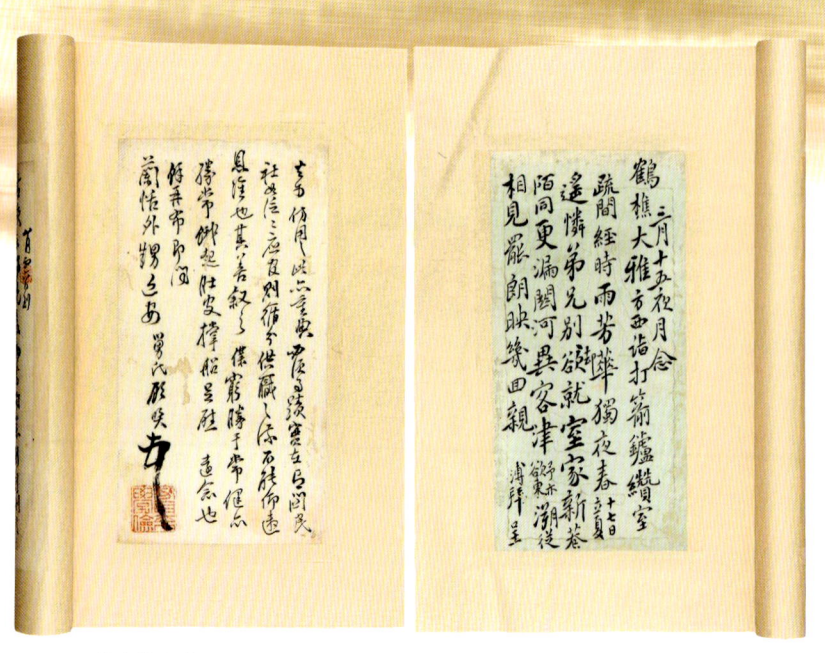

薛涛笺书法

第四章 洁白似雪：文房四宝之纸

竹纸

历代名纸

1. 薛涛笺

这种纸出现于唐末五代时期，经过加工染色做成，创始者是薛涛，故而得名。薛涛是唐代长安人，幼儿时期随着做官的父亲居住在四川。父亲过世后，薛涛不幸沦为乐妓。她有很高的文学素养，很擅长填词，因嫌当时纸幅太大，所以亲自指导工人改制小幅纸。这种小笺使用她住处旁边的浣花溪水制作，故而又名浣花笺。传说她还利用植物花瓣创制出了彩笺。这种彩笺小巧而精美，又称松花笺，历代多有仿制。

文房四宝收藏品鉴

练习纸

2. 水纹纸

出现于唐代，还被称为花帘纸。水纹纸透过光线可以看到纹路或图案。这些纹路或图案很类似现在的证券纸、货币纸的水印纹，增添了纸的潜在美。

3. 澄心堂纸

这种纸出现于南唐徽州。这种纸薄如蝉翼，犹如玉石般洁白、细薄、光润，一张纸长度可以达到 50 尺（17 米），从头到尾匀薄如一。南唐后主李煜就很喜欢这种纸。澄心堂是李煜平时阅读和处理政务的地方，也被他用来存放这种纸，供宫中长期使用，因此得名澄心堂纸。后来这种纸被看成珍宝。

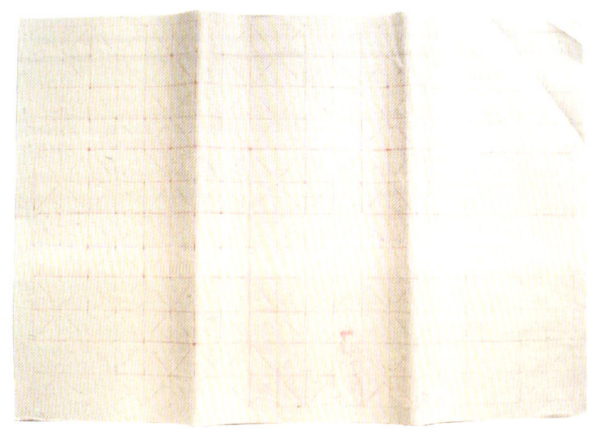

澄心堂纸书法

第四章　洁白似雪：文房四宝之纸

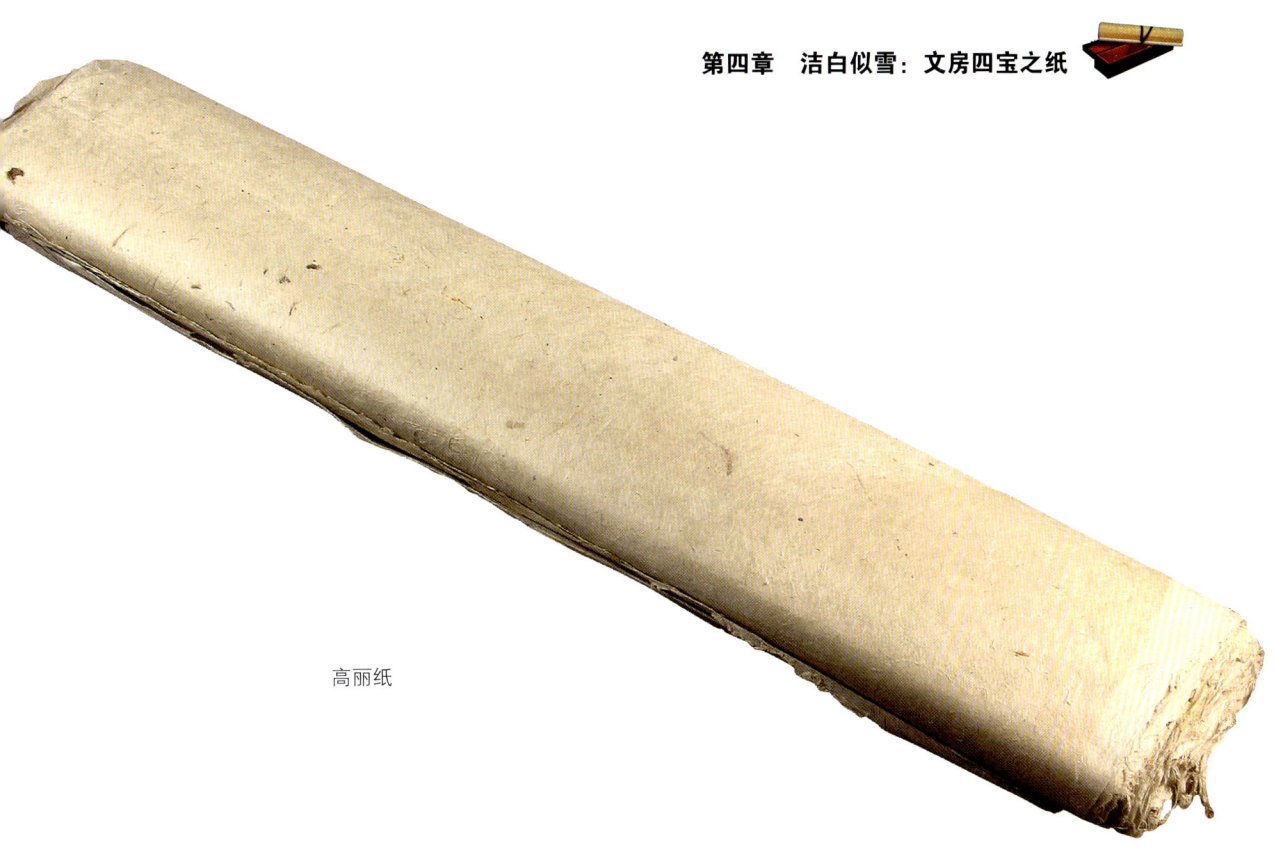

高丽纸

4. 谢公笺

这种纸通过染色加工制成。宋初谢景初（1019—1084 年）创造的纸品。谢景初设计创造这种纸同样是因为薛涛笺的启发，谢景初曾经设计出有 10 种色彩的信专用纸，颜色多样，生动有趣，颜色包括深红、粉红、杏红、明黄、深青、浅青、深绿、浅绿、铜绿、浅云等。这种纸和薛涛笺一样也是著名的纸品。

5. 高丽纸

这种纸又名韩纸，属于高丽贡纸的一种。高丽纸主要的造纸材料是棉、茧，洁白绫罗、坚韧如帛，很多人都喜欢用这种纸。

 文房四宝收藏品鉴

6. 金粟笺纸

这种纸创制于宋代。宋初,因为太祖赵匡胤鼓励佛教发展,全国印经之风盛行。为了满足经书的需求,当时歙州专门生产一种纸张表面带有浓密或淡雅纹路的纸,称为硬黄纸,别名蜡黄经纸。

金粟寺位于当时的浙江海盐金粟山下,宋初寺院需要大量纸用于经文抄写,因此用的纸便有了金粟笺的说法。这种纸具备致密洁白、半透明、防蛀抗水的特点。纸的外观精美,寿命很长,虽历千年犹如新制。

金粟笺纸手卷

第四章 洁白似雪：文房四宝之纸

7. 白鹿纸

白鹿纸是古时名品。《至正直记》中有相关记载："世传白鹿纸乃龙虎山写篆之纸也。有碧、黄、白三品。白纸莹泽光净可爱，且坚韧胜江西纸。赵松雪用以写字作画，阔幅而长者称白箓，后以白箓不雅，更名白鹿。"根据上面的记载我们知道：赵孟頫利用白鹿纸书写过作品，原来这种纸称为"白箓纸"，不过因为名字不雅而更名白鹿纸。

8. 玉版纸

古时名纸。这种纸品非常精美，润滑如玉。元代著作《蜀笺谱》对这种纸有记录："今天下皆以木肤为纸，而蜀中乃尽用蔡伦法，笺纸有玉版，有贡余，有经屑，有表光。"《绍兴府志》则记录道："玉版纸莹润如玉。"清末和民国时期的书画册很多都是利用这种纸做成的。

玉版纸

纸的鉴赏

纸张的质地是最需要注意的，基本要求是柔韧细密。如果纸的质地不好，可能会损笔，而且不适合存放。古代和现代的名纸在质地上都是很出众的，如澄心堂纸致密如玉，玉版宣柔韧耐久。纸的质地是否柔韧致密，选择时凭目测便可知。

纸的颜色必须是洁白的。纸张不白，则表示原料不好或水质欠佳，这都代表其纸质不佳。玉版宣使用的原材料是檀木；薛涛笺则利用浣花溪水做纸，纸的质量故而优异。染色纸的材质要求纯净。

纸的表面的光滑和涩度要合理。纸的表面有光滑和粗涩之分。光滑更适合行笔，如果太滑的话则可能轻拂便过去了，撰写的书法显得无力；如果粗涩就可能难以施笔，易损笔锋。

宣纸洒金扇面

第四章　洁白似雪：文房四宝之纸

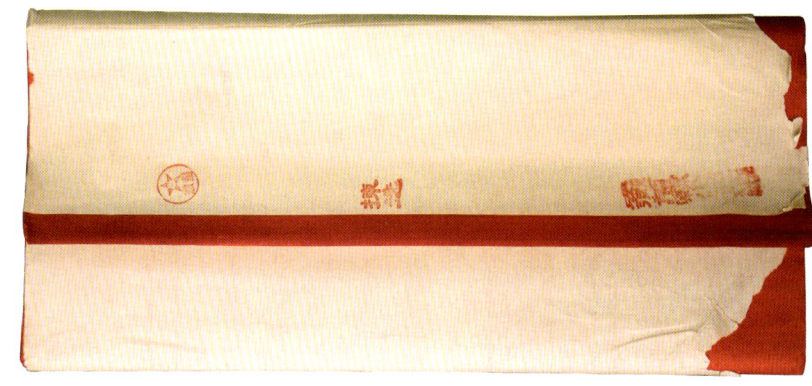

大红纸

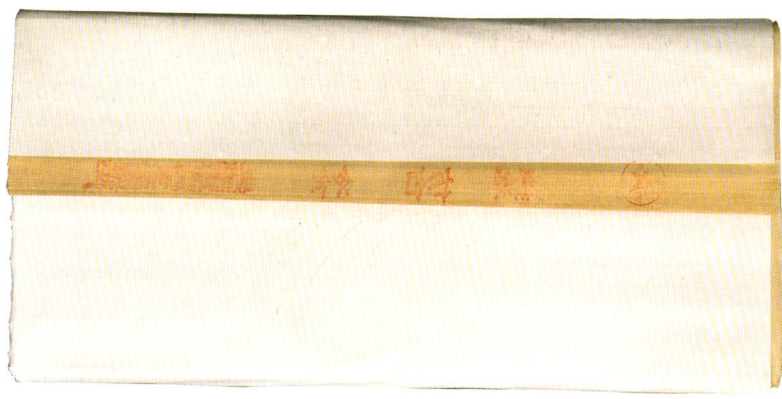

仿古洒金

　　纸需要有一定的吸墨能力。入墨是纸的重要属性，不吸墨则墨浮于纸表，很可能脱落，故而不可以久存。宣纸吸墨性较强，笺纸则相反。不过吸墨的能力同样有要求，如果吸墨能力太强，运笔稍慢时点画便会变成墨团；如果基本不能吸墨，则墨很难入纸，肯定也写不出好的书法。选纸的时候需要综合考虑运笔速度和纸的吸墨速度。选购时可征得商家允许，用墨去试，一试便知。

　　临字的时候要按照碑帖甄选纸品。先要确定吸墨的能力，可以按照真迹入纸的情况确定，入纸多则使用强吸墨纸，入纸少则选择较弱的纸。如果不能确定入墨情况，如石板所印者，则可以依据书法风格来辨别。如果书法锋芒毕露，有别样的风采，就适合用笺纸；如果是温润含蓄、锋芒内敛的，可选用宣纸。

　　根据个人爱好选纸。个人爱好是选纸必须考虑的。如果运笔急，就需要选择强吸墨纸，这样墨才能入纸；行笔迟缓者则需要选择弱吸墨纸，避免出现大量墨团。

纸的收藏

现在,国内各地生产的适合进行书画创作的纸张都被称为"宣纸"。不过国家对宣纸有原产地保护。根据国家相关标准,宣纸被定义为"利用产自泾县及周边地区的沙田稻草和青檀皮,在泾县范围内,用泾县特有的山泉水以及传统工艺精制而成。供书画、裱拓所用"。因此可知,使用其他材料制造的"宣纸"并不是真的宣纸。

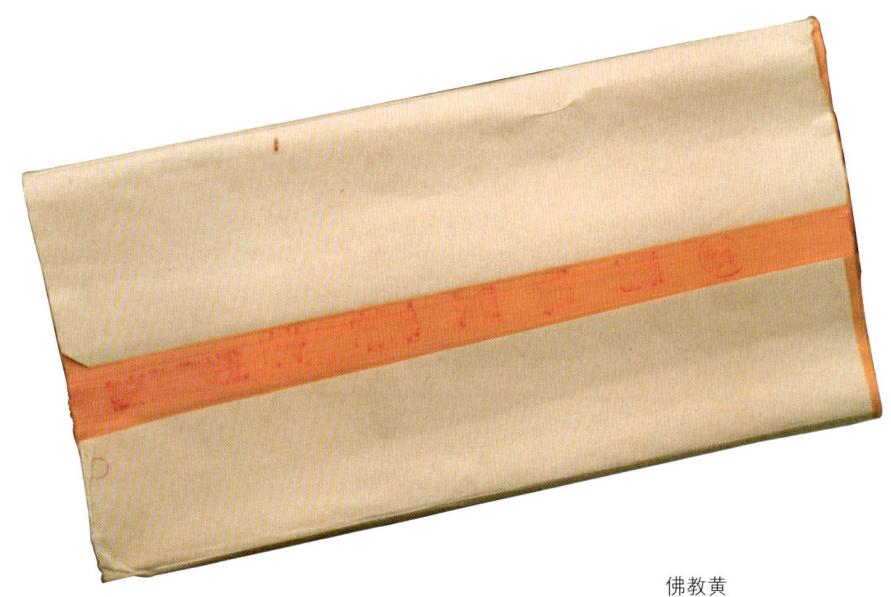

佛教黄

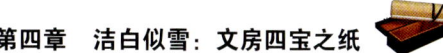

第四章 洁白似雪：文房四宝之纸

宣纸册页

　　收藏宣纸常见的种类包括棉料、净皮、特种净皮。宣纸的规格包括4尺、5尺、6尺、7尺、8尺、丈二、丈八等，另外有单宣、夹宣的分别，还有生宣和熟宣的区别。纸张成型后进行的加工工艺有冷金、虎皮、云母、煮锤等几十种。现在市场上珍贵的种类包括"蜡笺""粉笺""粉蜡笺""彩色粉笺"或"彩色粉蜡笺""洒金""描金粉蜡笺"等。收藏的时候要注意保值和增值，通常多收藏书画界人士都喜好的4尺特净宣纸以及其他特别规格的宣纸。

# 文房四宝收藏品鉴

收藏宣纸要看重特色。现在宣纸年产量有600多吨，因为材料和工艺水平的限制，基本不存在大量增产的可能。现在每年70%的宣纸都出口到日本，30％的宣纸在国内市场销售，主要类型包括书画纸和特种纸。因此，从寻求更大升值空间考虑，收藏宣纸的时候要注意那种产量小、有主题的特种纸，特别是因为重大题材制造的不同纪念纸。如香港回归纪念纸、澳门回归纪念纸、国庆周年纪念纸等，这些纸通常制作工艺精美，带有水印，收藏价值更高。

鱼子金贡宣纸

第四章 洁白似雪：文房四宝之纸

纸的保存

（1）保存纸，需要注意防潮和防霉。国画用纸通常吸水性强，有不错的水墨韵味。可是如果出现受潮的现象，则可能出现水渍和霉点。特别是霉点，经过技术处理也无法去除，严重影响书画的保存。同时，纸受潮后还会粘连，如若干纸张粘连到一起而无法分离，影响更大。保存纸张的时候要将纸叠好，纸张的外面使用包皮纸进行保护，存放的地方要求干燥、凉爽、透气。

宣纸古卷轴

（2）纸要避免折叠。熟宣和粉笺、蜡笺都经历了加工程序，故而纸的性质出现了变化，质地更脆，因此更容易断裂。特别是粉笺和蜡笺，折叠后很容易出现白色的裂痕，补救也无济于事。平时在保存纸的时候，最好卷成筒状或平放，不要折叠。

（3）防晒是纸的保存必须要注意的。太阳光中的紫外线和红外线都可能损伤纸的品质，促使纸的性质发生变化，导致纸的颜色发黄，质地变脆，最终影响到纸的保存时间和质量。纸的保存必须要注意防晒。

（4）纸需要防蛀。虫蛀一直是保存纸需要注意的地方，蠹虫是危害纸张的元凶之一。纸的虫蛀防护有使用黄檗溶液染纸的做法，敦煌石窟中发现的大量经卷纸之所以没有损害，全是因为使用黄檗溶液进行处理的缘故。另外，还可以用椒水浸纸，浸泡后晒干，也可以防虫。椒是花椒，又名蜀椒，性热味辛，有药用功效，能止痛，能杀虫。在保存纸的地方还可以放置一些别的物质，如麝香、木瓜或芸草包。万年红纸还被称为橘红纸，橘红纸上有红色的涂料，这种红色的涂料中含有铅的氧化物，故而具有毒性，可以杀死蠹虫。将橘红色涂料刷在纸上，阴干后也能防蠹。使用报纸来包裹纸和书籍，也都有一定的防蛀效果，这是因为油墨本身有防蛀的功能。

心经格纸

墨之所出：
文房四宝之砚

第五章

文房四宝收藏品鉴

砚的起源与发展

砚作为文房四宝的一个组成部分，是随着笔和墨的产生而出现的。砚主要用来研墨和掭笔，使用的材料包括石、土或其他原料，后世多使用石质。其石材多为泥质、粉砂泥质板岩类，另外还有使用泥灰岩（微晶泥质灰岩）、灰岩、角岩等石料的。在这些石料当中，粉砂泥质板岩类的石材柔韧中不乏刚硬，被认为是制砚的最佳选择。优质的砚石材质细致，硬度合理（摩氏硬度值为3~4度），石料韧性不错，适合进行精工细作，加工成形之后，砚台有发墨快、不损毫、哈之即湿、蓄墨不易干涸等特点。

清 大琴砚

第五章 墨之所出：文房四宝之砚

明 葫芦清玉砚

砚还常被人们俗称为"砚台"，其他名字还有砚田、砚池、砚海、墨砚、墨池、墨海、墨盘等。东汉时期的《说文解字》当中对砚台也有详细介绍："砚，石滑也。"段玉裁注："谓石性滑利也。字之本义，谓石滑不涩，今人研磨者曰：砚。"汉代的刘熙撰写的《释名》在卷六部分《释书契》当中记录了砚："砚者，研也；可研墨使之濡也。"

从唐代起,广东地区的端砚、安徽歙县的歙砚、甘肃南部的洮河石砚和山西地区的澄泥砚先后出现,这四种砚被合称为"四大名砚",其中质量最佳的还是端砚和歙砚。

中国生产石砚的地区还有很多,如山东潍坊地区出产紫金石砚和龟石砚、临沂地区出产薛南山石砚和徐公石砚、曲阜地区出产尼山石砚、大汶口一带出产燕子石砚、即墨地区出产田横石砚和温石砚、蓬莱地区出产砣矶石砚,河南济源出产天坛砚、安徽宿县出产乐石砚、江西修水出产赭砚、浙江江山出产西砚、湖南湘西出产水冲砚、吉林松花江下游出产松花石砚、四川合川出产嘉陵峡石砚、甘肃嘉峪关出产嘉峪石砚、宁夏和青海出产贺兰石砚。

端砚

第五章　墨之所出：文房四宝之砚

明 二龙戏珠丹凤朝阳瓦砚

文房四宝收藏品鉴

砚的种类

石砚

石砚，顾名思义，是使用天然石料制作的砚台。中国历朝历代都有优秀的石料发现，因此品质上乘的石砚也很多见。

松花石砚

花鸟端石砚

第五章　墨之所出：文房四宝之砚

清 鱼子石竹笋砚

石砚有杰出的艺术塑造特性，故千百年来一直深受文人雅士的喜爱与推崇。

文房四宝收藏品鉴

清 壁管竹节石砚

宋代，文人墨客喜欢的石砚种类有山东青州（现在的益都）出产的红丝石砚（欧阳修非常喜欢这种石料）、紫金石砚（箕形砚，1972年北京元遗址出土。朱元璋认为这方砚是米芾的物品，随之在砚上进行了铭刻）、江西婺源地区出产的歙州砚、甘肃洮河地区出产的洮河绿石砚等。

宋至明期间，许多新的砚石被挖掘开采出来，如福州石（福建省）、淄州石（山东省）、蠖村石（江苏省）、蛮溪石（湖南省）、谷山石（湖南省）、大沱石（湖北省）、鼍矶岛石（山东省）等。明末还发现了新的砚石类型——老坑水岩。

清代时，在朝廷的支持下，端溪坑得到了最大限度的开发，随之扩大为东洞、西洞、大西洞、水归洞等。清代东北松花江的绿石也深受乾隆帝的青睐。

第五章　墨之所出：文房四宝之砚

陶砚

　　陶砚是烧制的砚台，通常烧制的材料为极细的陶土，纹理细腻，着墨时不伤笔，但是会出现略有渗透的情况。

　　陶砚最早出现在汉代，随后在汉代非常流行，后世也多有烧制。唐之前的1000年里，所有的书画活动基本都要用泥陶砚研墨。唐之后陶砚慢慢减少，随后主要为石砚。明清时期砚文化再次兴盛，陶砚作为砚类的一种，再次受到人们的重视。陶类砚台中著名的种类包括山西、河南出产的传统的澄泥砚，其他种类还有砖砚、瓦砚、唐三彩砚、缸砚、紫砂砚等。

宋 虎形砚

宋 虎符砚

明 瓦形抄手砚

瓷砚

瓷砚是利用细密瓷土烧制的砚台，砚堂部分不挂釉，方便研磨。瓷砚多见圆形器，少见方形，在魏晋南北朝时期最为常见，在隋唐和宋元时期发展达到繁盛。

隋唐时期的瓷砚胎土主要为白色，有一些瓷砚上还带有灰釉、黄釉、青釉、绿釉、三彩釉，形状则主要为多脚连坐式圆砚。

宋代，瓷砚相当流行，涌现出许多著名的瓷砚产品，北宋时有白中微微泛青的影青瓷砚；还有胎质很厚、釉色光滑润泽、极耐磨的龙泉

第五章 墨之所出：文房四宝之砚

瓷砚；当时著名的瓷砚还有黑瓷暖砚、绿瓷砚等。

元代的瓷砚在制作上有很多讲究，具有多样的形制和色彩。元代有许多出色的制砚工匠，另外还有许多擅长修补砚的匠人。如浙江钱塘（今杭州）韩文善因为高超的补砚技巧，在当时被人们所关注。根据元陆友仁《砚北杂志》中的记载，即使砚石支离破碎，只要保留了砚的碎块，修补匠人便能把砚接补完整，可达到天衣无缝、完好如初的地步。

青花瓷砚

青花龙纹瓷砚

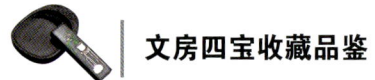

文房四宝收藏品鉴

漆砂砚

漆砂砚以木制作为胎,用细金刚砂调和色漆,并且均匀地涂在外面,从而做成砚。这种砚有坚而不顽、细而不滑、入水不沉、坠地不损、发墨而不损毫、装饰精美的特点。

漆砂砚流行于明清年间,直到现在仍可以发现少量传世的佳砚。1985年在江苏省邗江县的汉墓当中出土了一件漆砂砚,说明漆砂砚早在西汉就有生产。根据《沣桥西杂记》中的记录,漆砂砚在宋代时制法就失传了,不过清代的扬州漆砂艺人卢葵生对这种砚进行了仿制,并获得了成功。至晚清,其制法再度失传。1987年,原安徽屯溪工艺厂制砚老艺人俞金海根据徽州博物馆收藏的漆砂砚和南京一位画家收藏的漆砂砚,反复试验,最终仿制成功,使漆砂砚重见天日。

清 紫檀红木盒砚

第五章　墨之所出：文房四宝之砚

玉砚

玉砚是中国古代的砚种。早期的玉砚多使用古代的知名古玉制作而成，如新疆天山和田出产的白玉、黄玉、青玉、碧玉、黑玉等。玉砚的制作具有深远的历史。西汉时期的刘歆在《西京杂记》当中就有记录："汉制天子玉几……以酒为书滴，取其不冰，以玉为砚，亦取其不冰。"宋代的李之彦在《砚谱》中同样有记录："黄帝得玉一纽，治为砚海，其上篆文曰，帝鸿氏之砚。"

河南洛阳地区曾经出土过西周时期的玉质调色器，这还不是严格意义上的砚台，但可以说是砚台的雏形，用一种黑、白纹理的玉石雕琢而成，这方调色器具有不俗的工艺水准。

玉类砚材通常都有较高的硬度，本身不吸水，也不易损伤笔毫，但其滑不发墨，质地细腻、坚实，因此实用性并不高，而且多雕琢简单，造型质朴。使用玉制作的砚，因为玉材本身有很高的价值，同时也具备很高的观赏和收藏价值，因此玉砚通常都用来抟笔和炫耀身份。清代时宫廷非常推崇玉砚，玉砚的数量因此大量增加。但总体上来讲传世的玉砚并不多。

玉砚

 文房四宝收藏品鉴

金属砚

　　金属砚就是利用金属铸造的砚台,其中铜、铁砚台是最常见的金属砚。因为金属的导热特性,因此很多金属砚都被做成了暖砚。

　　金属制作的砚台结实耐用,但冬季墨汁很容易冻结,对于连续书写不利。金属暖砚在北方很盛行。通常砚的底座较高,下面可以使用炭火加热或者使用热水温热,以保持温度。

清 荷叶铜砚

清 竹节形银砚

第五章 墨之所出：文房四宝之砚

砚中名品

中国的名砚有很多，其中最著名的莫过于"四大名砚"。中国的传统四大名砚是端砚、歙砚、洮河石砚和澄泥砚。名砚之所以有名，是因为其出色的外观和使用性能。很多名砚都经历了历史的传承，保存到今日，不但是古董文物，而且是一种宝贵的物质文化遗产。

端砚

端砚的产地为广东省高要县和肇庆市一带，端砚最早出现于唐代，许多朝代的端砚都是贡砚和赐砚。石质细润，花纹独特，仅仅哈气就可以磨墨，研墨无声，墨不伤毫，雕刻十分精美，造型也很奇异。

端砚

端砚的最佳石料是水岩老坑，这种石料长期浸泡在水里，因此温润如玉。清代吴兰修在《端溪砚史》中就称赞道："体重而轻，质刚而柔，摩之寂寂无纤响，按之如小儿肌肤，温软嫩而不滑。"

端砚的石料非常出色，具有易发墨但不损笔毫的优点，因此历朝历代都将端砚视为珍宝。

端砚

第五章　墨之所出：文房四宝之砚

端砚的纹理非常清晰，石料的种类包括蕉叶白、青花、鱼脑冻、火捺、冰纹等。紫色的石料是最名贵的，其他的颜色则有绿色、灰苍色、灰泥色、白色、黑色、猪肝色等。

早期的端砚比较看重实用功能，因此一般没有雕饰。中唐以后开始讲究美观，但装饰的雕琢图案还是比较简朴和素雅。到了宋以后，形制与雕饰才逐渐繁复，雕饰的题材也更多姿多彩，欣赏价值大为提高。

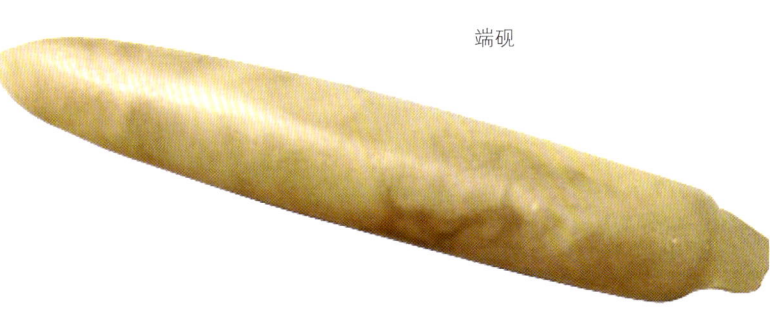
端砚

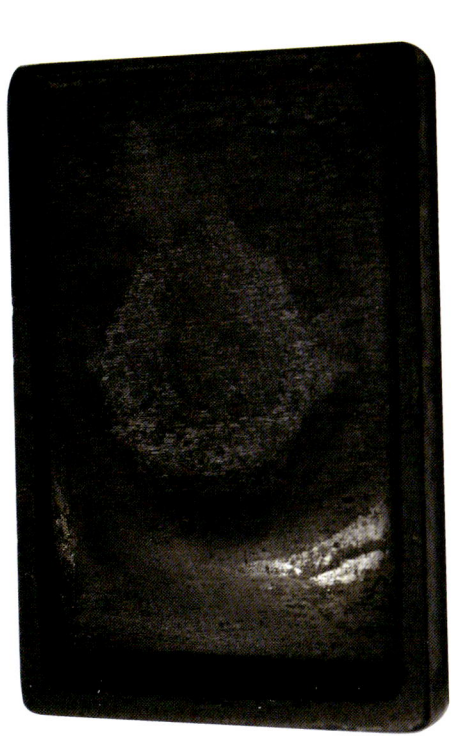

端砚

歙砚

歙砚的产地是安徽歙州的歙县、婺源县（今江西婺源县）等地，其中又以歙县和婺源交界处的龙尾山所产砚最为有名，因此又名龙尾砚。最早出现在唐代，南唐曾经在本地设置砚务官，督促开采砚石。歙砚的颜色青翠，石理缜密，润泽似玉，磨墨无声，纹理自然。带有青黑和金星的石料是上品。

歙砚的种类主要有罗纹类，眉子、眉纹类及金星、银星和金（银）晕类。金星指的是石中有金色斑点如星斗布于天幕。金星的大小不一，不同的石料如豆、如蚕蚁、如鱼子等都有分别。金星的种类包括金钱金星、雨点金星、鱼子金星、葵花金星、云雾金星、暴雨金星等。另外，金（银）晕是金（银）色如流云、片云者，常常用象形的办法来命名。罗纹就是因为外观的色泽类似罗绮而命名，罗纹的类型包括粗罗纹、细罗纹、刷丝罗纹。如果石料有犀角纹、鳅背纹和暗细罗纹，那就非常名贵了。眉子是罗纹的变异，石纹很像新月一样的眉毛，因而被称为眉子，种类包括长眉、短眉、阔眉、对眉等，其中对眉子、雁攒湖眉子是非常珍贵的品种。对眉子形体较小，大多横而不曲，两端略细，似人面双眉，成双成对。

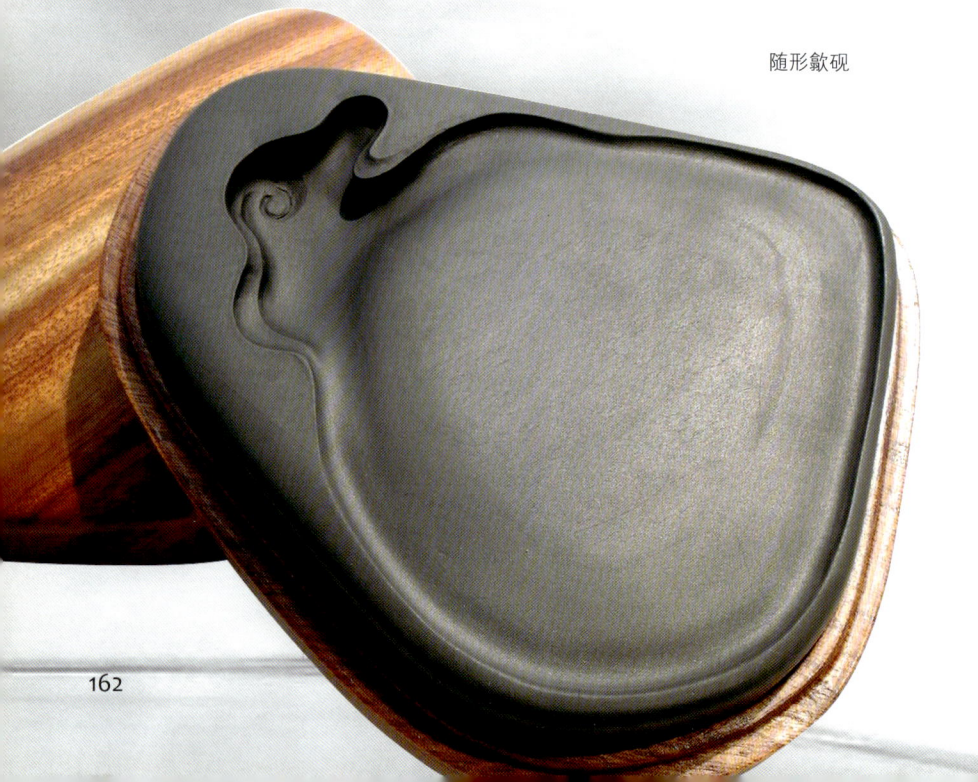

随形歙砚

第五章　墨之所出：文房四宝之砚

洮河石砚

洮河石砚的产地是甘肃省洮河东岸喇嘛崖鹦哥山嘴，故而被称为洮河石砚。洮河石包括绿洮和红洮。绿洮的色泽青蓝，纹理色泽很清晰，纹路像是卷云，宛若水波，有非常鲜明的风格；红洮的石质纯净，极为罕见。洮河石砚石质坚润，颜色主要为绿和蓝，制作的砚哈气便可磨墨，发墨细快，保湿利笔。流传至今的洮河石砚已很罕见。洮河石砚的石面带有一部分微黑色的水波状花纹，很像是波翻浪滚，又像是云卷连绵，具有动感。洮河石砚的种类包括鸭头绿、鹦哥绿、湔墨点缘、赤紫石4种。

洮河石砚

 **文房四宝收藏品鉴**

洮河石砚在唐代时就已经大量生产了，可以说是洮河石砚制作的极盛时期。但流传到今日的实物已很罕见。

宋代时洮河石砚声名鹊起，当时的洮砚生产很少，因此也相当珍贵。宋代赵希鹄在《洞天清录集》中记录道："除端歙二石外，惟洮河绿石，北方最贵重，绿如蓝，润如玉，发墨不减端溪下岩，然石在临洮大河之深底，非人力所致，得之为无价之宝。"从中也可以知道，洮河石砚材质的开采相当困难，洮砚石砚的制作也因此而产量骤然下降。

明 淌池高砚

明 蓬莱砚

第五章 墨之所出：文房四宝之砚

蓬莱砚

宋代洮河石砚的生产量就非常少了，到元代甚至到了稀少的程度。当时文学家陆友仁、元好问都撰写了许多赞美洮河石砚的诗词和佳作。

到了明代，因为石料短缺，洮河石砚最终无法继续生产，但这个时期还是有少量的洮河石砚制作，可是也已成为纯粹的艺术品，如"十八罗汉"洮河石砚，实际上这方砚并没有使用过。

 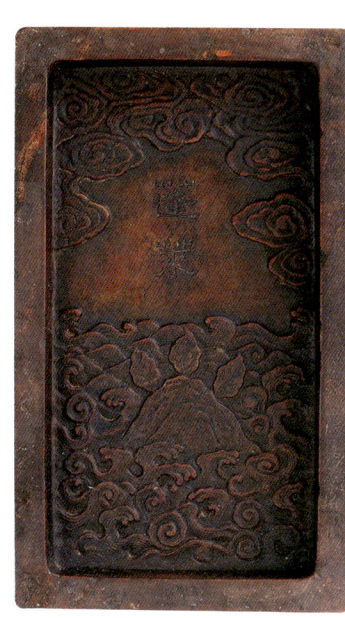 

蓬莱砚

雕龙澄泥砚

澄泥砚

　　澄泥砚使用的原料是澄洗的细泥，原料烧制后做成澄泥砚。澄泥砚的质地细腻，宛如婴儿的肌肤，具有贮水不涸、历寒不冰、发墨而不损毫的特性。发墨质量可与石质佳砚相媲美，因此前人多有赞誉。澄泥砚最著名的产地是山西汾河岸的绛县。今日所见古澄泥砚极为稀少，上品更是难求。

　　用泥质作为原料的制砚方法，最早在唐代出现，宋代时逐渐发扬光大。历经了很长时间的实践和总结，逐步形成了完整的制作方法。宋代时，澄泥砚非常兴盛，宋苏易简《文房四谱》当中有记录："以瑾泥令人于水中，挼之，贮于瓮器内，然后别以一瓮贮清水，以夹布囊盛其泥而摆之，俟其至细，去清水，令其干，入黄丹团和溲如面，作二模如造茶者，以物击之，令其坚，以竹刀刻作砚之状，大小随意，微阴干，然后以利刀刻削如法，曝过，间空埵于地，厚以稻糠并黄牛粪搅之，而烧一伏时，然后入墨蜡贮米醋而蒸之五七度，含津溢墨，亦足不亚于石者。"制作的工序有十几道，每一道工序都是为了让砚的质地变得坚硬。

第五章　墨之所出：文房四宝之砚

宋代制作澄泥砚的工匠非常多，吕道人就是其中一个高超匠人。米芾《砚史》中收录了26种砚，当中也包括吕道人做的砚台。书中记载："泽州有吕道人陶砚，以别色泥于其首纯作吕字，内外透，后人效之，有缝不透也。其理坚重与凡石等，以沥青火油之坚响渗入三分许，磨墨不乏，其理与方城石等。"这里描述的就是吕道人的砚。这种砚的硬度很高，甚至能够用来试金。使用澄泥砚研磨的墨汁光亮如漆，利于书写。砚首部分还有"吕"的刻字，用来和其他砚加以区别。

明 书画砚

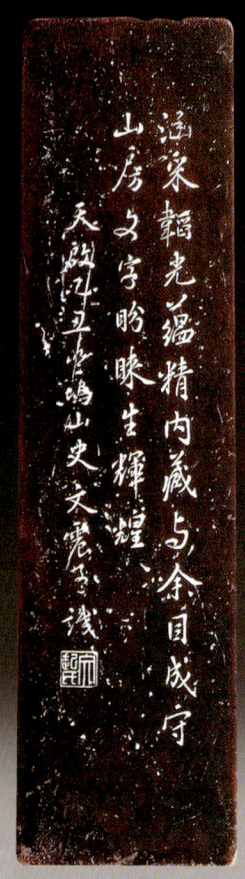
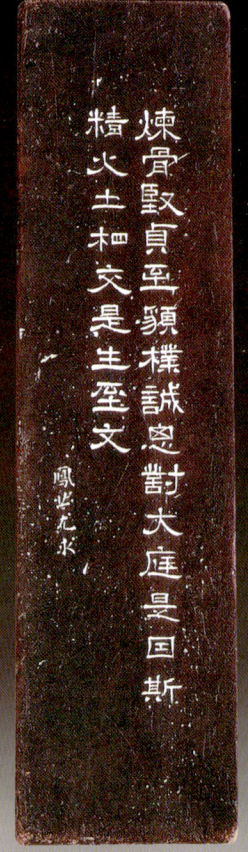

灵龟负书图砚

第五章　墨之所出：文房四宝之砚

砚的鉴赏与收藏

现在，砚基本已失去了使用的功能，可是人们还是无法割舍，收藏和鉴赏砚已经成了中国以及周边一些国家所特有的文化现象。

相比于瓷器、字画，古砚的鉴定难度并不大。可是古砚的收藏是比较冷僻的，常人往往难得一见，因此有很多初涉砚收藏的人都容易走入歧途。有很多古砚的初级收藏者都收藏有一些新仿的俗不可耐的"古砚"，还有部分人将新砚当成旧砚，把劣砚当成好砚，将真品和佳品看成普通和一般的砚，不少人甚至给自己造成了很大的经济损失。

板砚

明 荷中君子砚

第五章　墨之所出：文房四宝之砚

下面介绍古砚的一般评判和鉴赏方法。

1. 砚的功用

古时候的人们将"美砚"应该体现的特点总结为"八德"，也就是"柔、嫩、细、腻、洁、美、温、润"。现代人判断砚的好坏有三个标准：硬度、发墨、利笔。

（1）硬度标准：如果研墨的时候墨锭与砚堂不能均匀受力，将导致墨锭下墨不均，甚至变得难以控制。这是因为砚石的石质太细致或者太坚硬，结构高度紧密，即硬度太高所致。砚材最适合的硬度应该在 3~4 度，如果硬度到了 4 度及以上，研磨的时候便会出现打滑的现象，因为墨锭与砚面之间的摩擦系数太小了，产生不了正常所需的摩擦力。这个过程就如同使用木板在光滑的玻璃上滑动，过于光洁的玻璃无法产生所需要的摩擦力一样。

荷叶纹砚

八棱砚

（2）发墨标准：发墨就是说堂中的水与整体为胶状的墨锭进行反复研磨并产生墨汁的过程。发墨的过程其实是水与墨融合的一个过程，经过一番研磨，浓淡适宜的墨汁逐渐产生，发墨的过程无泡、无声。经验丰富的研墨者对于研墨所需要的力度和时长都有精确掌握。墨和水要充分相融、充分拌和，这也是砚之"八德"当中"研墨无泡，发墨无声，停墨浮艳"的标准。优秀的砚要符合"柔、嫩、细"的发墨要求。

明 磬纹砚

第五章　墨之所出：文房四宝之砚

（3）利笔标准：古时候的人们对于砚的评价有"砚之发墨者必费笔，不费笔则退墨，二德难兼，非独砚也"。这句话提出一个观点："发墨者"并不一定是佳砚的唯一标准，利笔护毫的因素也要考虑进去。如果笔能够书写流利、顺畅，那行文肯定也会游刃有余，一气呵成。

明 大鳜鱼砚

2. 砚的工艺和材质

（1）砚的质量：砚石的质量包括两个方面：石质的质量和纹色的质量。整体要求就是"质地缜密，玉德金声、发墨如油，下墨似风，不伤笔毫，易于涤净，贮水不耗，历寒不冰"。符合了上述的条件，这种砚石就可以被称为优质砚石了。如果达不到这些要求，则会被看成劣质的砚石。劣质砚石制造的砚自然质量也是不行的。

清 瓦形小砚

第五章　墨之所出：文房四宝之砚

砚石的优劣和砚石的大小、厚薄并无直接关系。有人在选砚的时候盲目选择那些块头大、尺寸厚的，以为这属于"好砚"，这种想法是很片面的。比如，歙石的结构精巧，很难能发现大的砚，厚实的砚也不多见，所以以大为珍、以厚为贵，体积大而且比较厚实的砚肯定有更高的价值。不过，体积大也会带有缺陷，厚实的砚也有不足之处。一是实用性不好，不利于移动和收藏，价格同样不能被普通人接受；二是砚石体积大，细节通常不够精细，石料中的杂质、石筋、石隔、绺裂、夹层等问题很常见。中小型砚通常兼顾了欣赏和实用的属性，利于使用、把玩和收藏。

明 猫砚

（2）砚的工艺：砚的雕琢工艺水平与观赏价值和收藏价值的关系密切。一般要求是：题材要蕴含文气，设计要显露灵气，雕刻要避免匠气。

制作工艺必须要体现砚石本身的自然形状和纹理，还需要精妙地掌控形、色、纹路等特点，从而把砚石的美和工艺的精致巧妙地结合起来，达到"天（天工）人（人工）合一"的境界。

明 圆满方形砚

第五章　墨之所出：文房四宝之砚

其次，工艺本身的文化内涵也十分重要，要尽量避免落于俗套。雕刻的繁简并不能够简单衡量出砚的好坏，过度烦琐的装饰只会显得画蛇添足，等同于破坏石料。而简雕、巧雕，有些情况下甚至不雕刻图案，只要设计巧妙，工艺到位，照样是一方难得的好砚。

（3）砚的品相：品相会影响砚的观赏和收藏两方面的价值。制作砚使用的石料即使非常优秀和名贵，如果品相不行，让人看了也无法产生美感，价值肯定会受到影响。通常来说，砚应以端庄大方、完整无缺的规矩形为上，仿物形和随形就差一些，畸形的、过薄的甚至有残缺破损的，以及石料上带有许多杂质、绺裂、夹层等问题的砚，价值就不高了。

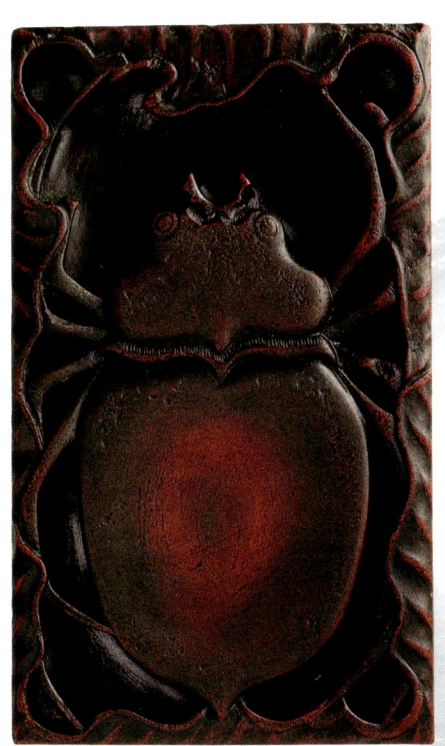

明 蜘蛛砚

文房四宝收藏品鉴

（4）砚的铭刻：铭是制作者、收藏者在砚的各个部位上篆刻的题诗、吟咏、作句、撰文等内容，这些文字的内容多是生平或自勉，是砚的雕刻和文学、书法紧密结合之后的产物。

铭文通常有5类：

一是印记，印记一般都是制砚者或藏砚人私自雕刻上去的，内容包括姓名、制作或收藏时间、地点等。印记的内容体现了制砚人和藏砚人对砚的珍爱。

二是诗词类，一般都是选用名人名言、警句、诗词等，这些诗词歌赋显示了制砚人或藏砚人的志趣和抱负。

明 门形大砚

第五章　墨之所出：文房四宝之砚

明 荷鱼砚

三是咏砚类，内涵是借砚言志，借砚抒怀，充分体现出制作者和收藏者的思想。

四是记事类，主要内容是记录人的经历或者是一些事情的原委，成为可长久保存的石质"备忘录"，时间久了，则有了历史的价值。

五是馈赠类，这类人士通常是将砚作为赠礼的物品来进行馈赠，另外，还有用撰文勉励的情况，表达友谊，或作为重要活动的纪念品，雕刻铭文来纪念，肯定也让人们过目不忘。

砚铭的题材非常多样化，内容也很复杂，其中的内容不乏咏物言志，或警句自勉，或相赠留言，或记事怀情，这些都能够给人们提供不一样的感觉。砚铭的价值是不是够大，要看作者、收藏者的身份和地位，还要看诗句是否优雅，书写和雕刻水平如何。名家的诗句和名家的书写镌刻常常有画龙点睛的效果，可以提高砚的观赏价值和收藏价值，这就是我们所说的"砚贵有铭，身价倍增"。

（5）砚的装饰：装饰说的就是砚的包装，如最常见的砚匣和锦套。包装和砚本身的关系并不密切，主要起装饰和养护的作用，如果装饰效果佳的话，能够起到很大的陪衬作用。一般人们更倾向于选择那些用考究的砚匣包装的砚台，认为其中的砚也是不错的；而一方装在简陋包装里的或者根本没有包装的砚，通常会被认为是没有什么档次和价值的。

清 雕花淌池砚

第五章 墨之所出：文房四宝之砚

砚的保养

历代爱砚人在用砚、赏砚、藏砚等各个方面都积累了很多的经验，这些经验很值得现在的使用者和收藏者学习借鉴。

发砚

一般说来，新砚上面都有封砚用的蜡和油脂，像歙砚一般使用核桃油、蓖麻油或缝纫机油进行封砚。如果不清理就使用，那结果肯定是发墨差甚至不发墨。通常说来，清理的时候都是用毛刷蘸清水调制的木炭粉（通常用杉木制成）刷洗砚堂一次或者多次，可以先用500号以上的水砂纸对砚堂进行打磨，然后用水冲洗干净，这样能够保证不错的发墨效果。古人将这一步称为"开砚"，今天的说法是"发砚"。砚的使用时间一长，发墨效果就会变差，谓之"失锋"，亦可用以上方法重新"发锋"。

云龙纹砚台

民国 梅花纹长方砚

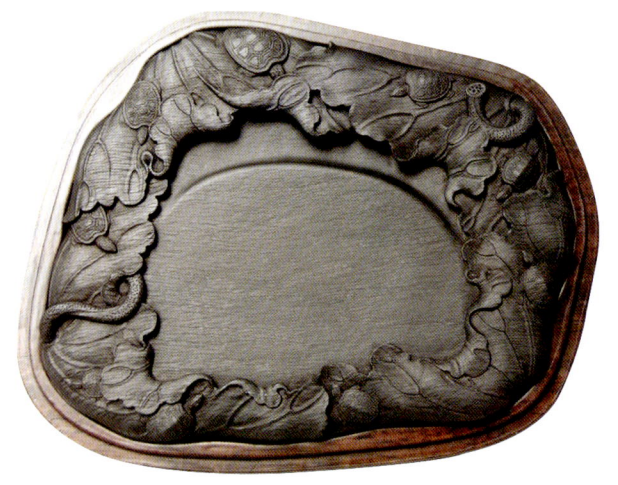

荷叶九龟砚

研磨

在这个方面有几条原则：其一，佳砚绝不使用劣墨。劣墨虽然价格便宜，可是质地不纯，有许多杂质，使用后很容易损伤砚面。其二，研墨要使用干净的凉水，不能使用茶叶水等有色水或温度较高的水。有色水可能影响墨色的纯正，高温的水对墨和砚的副作用很大。其三，研磨使用的方式不管是旋转式还是推拉式（日本多用推拉式），墨身和砚面要始终保持垂直角度，重按轻转（推拉），先慢后快，急于求成是不可取的。新墨最初使用的时候常有棱角和胶性，尤其要避免重磨，如果急躁之下用力过大、过猛，不仅研出的墨汁粗糙，对砚面的损伤也是很明显的。其四，墨研磨完毕后不能放于砚面不取，因为墨块干燥后会粘连到砚堂里，拔墨时容易剥去砚面，造成遗憾。其五，0℃以下不适合使用砚，因为温度低很容易导致砚台结冰，这对砚石不利。

第五章 墨之所出：文房四宝之砚

清洗

砚使用后必须进行清洗，清洁的习惯是必须保持的。古人有"宁可三日不洗面，不可一日不洗砚"的说法。清洗的重要部分是砚堂、砚池部分，只有这样才能保证砚石细腻柔润，并在下次研磨时让墨色保持纯正。这个道理也暗合了"砚不厌洗，洗务洁净"的说法。洗砚最好的水为皂角清水，用丝瓜瓤、莲房壳慢慢洗去砚面滞墨。污水和开水都不能用来清洗。洗后风干或用干净软布拭干，不可以使用毡片、硬布或废旧纸张等擦拭。

民国 长方砚

水养油护

砚石与水的关系十分密切，很多名砚的砚石在开采前都要用泉水浸润，石料才能干净滋润，所以砚在使用、清洗之后还要使用清水进行养护，从而保证砚的润滑。一般操作的方法就是将清水注于砚池中，天天换水，保证砚不干燥。要避免磨墨处积水，因为歙石中有含石英、长石、云母等成分的粉砂，这些矿质经过水的浸泡很容易转换为泥质，影响发墨。对于一部分单单用于收藏而又没有使用过的新砚，保养的时候更应该注意，要不定期进行擦油养护，从而保证砚石的手感和润泽。擦油的时候不可以使用刷子刷油，否则油太多效果不佳。使用干净软布蘸油反复擦拭砚身，直到用手摸时感到细腻润泽便可以了。

民国 八方大砚

后记

文房四宝包括笔、墨、纸、砚 4 种文房用具，其收藏内容是相当丰富的。单就其中的一种文具，便可以引申出众多的内容，收藏文房四宝的乐趣亦在于此。

文房四宝的构造并不复杂，可文房四宝的知识是需要时间去了解并不断积累的。比如说毛笔由笔毫和笔管组成，看似构造简单，可是花样繁多的笔毫材料、使用名贵材质制作的笔管，以及笔管上精美的装饰，都让笔的收藏变得不再简单；砚在普通人眼中可能只是一块石板或泥板，但由于制作砚的石料和泥料不凡，制作砚的精湛工艺，就让砚变得不再普通。

文房四宝的收藏并不简单。现在文房四宝收藏市场的造假情况相当多见，很多刚刚涉足这一领域的朋友因为缺少专业的知识而吃了亏，花了许多冤枉钱。正是鉴于这种情况，我们编撰了本书，希望可以给读者朋友提供收藏方面的帮助。在本书编撰的过程中，我们特意走访了位于河北保定市西大街古物市场的文房四宝专业经营机构丹青轩，受到了经理石科先生的热情接待。石科先生不但带我们参观了店内的藏品，还为本书提供了大量精美的图片。在这里我们要向石科先生表示真挚的感谢！

文房四宝的收藏知识需要时间的积累，只有拥有丰富的收藏知识才能做好文房四宝的收藏。由于编写时间仓促，书中难免会有错误和遗漏之处，希望读者朋友批评指出，以帮助我们进一步完善本书。

文房四宝 收藏品鉴

总 策 划： 袁　海　王丙杰
　　　　　　贾振明　张建平

项目负责： 张建平

排版制作： 腾飞文化公司

编 委 会： 林婧琪　邹岚阳　阎伯川
　　　　　　潇诺尔　向文天　鲁小娴
　　　　　　默　梵　田昊然　夏弦月

图片提供： 保定市丹青轩
　　　　　　http://www.nipic.com
　　　　　　http://www.huitu.com
　　　　　　http://www.microfotos.com